Emanuele Lanza

Parrocchia e Territorio

Emanuele Lanza

Parrocchia e Territorio

Principi d'inculturazione del Vangelo

Edizioni Sant'Antonio

Imprint

Cover image: www.ingimage.com

Publisher:
Edizioni Accademiche Italiane
is a trademark of
International Book Market Service Ltd., member of OmniScriptum Publishing Group
17 Meldrum Street, Beau Bassin 71504, Mauritius
Printed at: see last page
ISBN: 978-613-8-39384-9

INTRODUZIONE

Può suscitare reazioni diverse un nuovo lavoro sull'istituto parrocchiale. Reazioni che possono essere espressione d'illusioni da continuare a coltivare, nostalgia per ricordare, sentimentalismo da rivivere per chi ode soltanto i canti funebri e rintocchi di campane che da più parti si levano; reazioni, invece, che dicono la fatica del pensiero e l'orientamento del cuore ridisegnare la fisionomia di un progetto che dia un nuovo volto a questa istituzione che, nonostante tutto, ancora è segno del Vangelo incarnato nella trama dei giorni dell'uomo smarrito.

Le intenzioni che mi hanno guidato nella scelta di questo tema e nello sviluppo del lavoro hanno la loro radice nella passione e nell'esperienza di grandi pastori che ho avuto la Grazia di incontrare. Da questo ho attinto il coraggio necessario: inserirmi in questo grande mosaico e contribuire, con il mio modesto tassello, forse bianco e da mettere in un cantuccio, ma, credo non meno necessario, a disegnare un ulteriore tracciato per la completezza del quadro, speriamo presto, definitivo.

È una ricerca che ha un fascino particolare, perché si tratta di percepire il significato profondo di una scelta, che la Chiesa ha ritenuto essere valido strumento per dire il Vangelo nello spazio e nel tempo dell'uomo di ogni stagione della storia. Essa, nonostante tutto, è la presenza che dice il racconto dell'esperienza cristiana da persona a persona, comunione di vita che narra il volto di Dio incontrato e accolto, *facendo diventare l'ordinario luogo umano, straordinario spazio della storia della salvezza*[1]. E oggi, sotto l'azione dello Spirito, che l'anima e la guida, può delineare il suo futuro: avere in sé i desideri di Dio e i sentimenti di Cristo Gesù, per offrire l'acqua della vita all'uomo assetato e alla ricerca di pozzi potabili, i quali soddisfino le esigenze profonde del suo cuore inquieto.

Il lavoro si snoda attraverso un percorso, il cui primo capitolo ha, come punto di partenza uno sguardo sulla storia dell'istituto Parrocchia. Non è possibile nascondere la crisi della presenza cristiana nel corso degli anni; questa, però, la si deve contenere nel perimetro di una crisi della realtà umana. Ed è il cammino storico che porta a chiedersi quale volto debba avere la parrocchia.

Nel secondo capitolo si partirà dalla domanda "*la parrocchia è ancora la fontana del villaggio?*". Nel tentare di dare risposta al quesito, volgeremo lo sguardo sulla complessità culturale del mondo contemporaneo che ha disegnato nuove visioni dell'uomo e del mondo, producendo nuovi modelli e nuovi progetti di vita. La parrocchia si lascia interpellare da queste inedite sfide e indica un altro orizzonte: la dignità dell'uomo è in Dio. Si coglie il senso stesso della parrocchia. Essa si fa prossima all'uomo, non possiede soltanto un credo, ma implica una vita che ha un credo, nel quale trova senso e orientamento la sua esistenza, così da creare quella cultura che permetta all'uomo di raggiungere la verità di Dio e di se stesso.

---

[1] A. SERRA, *Con il Sorriso di Dio, vivere alla luce del Vangelo,* Ed. Paoline, Milano 2016, p. 33.

Nel terzo capitolo sarà analizzato il concetto di parrocchia alla luce del nuovo codice di diritto canonico del 1983. Emerge chiaramente che, alla base di tutto, il fondamento essenziale per la vita della Chiesa è la comunione.

Nell'ultimo passo del percorso ho intravisto in alcune scelte primarie, le possibili articolazioni della parrocchia, attraverso le quali essa può essere anima della storia dell'uomo e del mondo. Tenendo conto che la parrocchia è una realtà nella quale è in atto l'azione di Dio e dell'uomo, solo una seria riconsiderazione di se stessa, come luogo in cui persone umane interagiscono in virtù della fede e dell'accoglienza del dono che viene dall'alto, può portare se stessa ad avere i desideri di Dio e i sentimenti di Cristo. L'educarsi, il formarsi, l'accompagnarsi reciprocamente nella relazione sono quelle dimensioni essenziali che fanno recuperare l'idea della parrocchia in cammino, del suo conseguente percorso evolutivo, lungo il quale si dispiega il rapporto tra natura e grazia, tra aspirazioni e quotidiano, tra fragilità e cultura. Ciò significa articolare l'umano e il divino, ogni giorno, nella concretezza della parrocchia, vista non come istituzione, ma come persone che sono discepole di Dio, nel cui primato scoprono il senso della vita e della propria identità; diventano le une serve delle altre per formare se stesse e la loro coscienza chiamandosi reciprocamente alla trascendenza di sé.

La comunità credente, quindi, non si accontenta di modellare gesti e comportamenti, ma promuove e aiuta a crescere il cuore secondo i desideri di Dio e i sentimenti di Cristo Gesù. Si disegna, in questo modo, la disponibilità ad essere presenza che testimonia, come comunità responsabile socialmente, il senso vero dell'uomo e della storia nella potenza della grazia del dono che viene dall'alto. Impara così ad entrare in nuovo contesto di significati e valori, il cui orientamento decisivo è la piena maturità in Cristo.

Spero solo in un'accoglienza favorevole, per accomunarmi a quanti hanno, come me, un solo obiettivo: fare di Cristo Gesù, Maestro e Signore, il cuore del mondo.

CAPITOLO I

PARROCCHIA: STORIA DI UN TERMINE

È necessario conoscere la dinamica della parrocchia attraverso i secoli, vale a dire la sua origine e il suo sviluppo nel tempo, allo scopo di mettere in evidenza come la parrocchia, scaturita dall'originaria unità della diocesi, non fu inventata né da Gesù né dagli Apostoli, ma si organizzò a poco a poco, in sintonia e in corrispondenza alle varie fasi dello sviluppo sociale. La parrocchia è storicamente un'istituzione ecclesiastica di diritto umano, e non come la diocesi che è di origine e di diritto divino. La parrocchia è nata come un prolungamento della diocesi.

1. ORIGINE DEL VOCABOLO

Avviene frequentemente che lo studio etimologico di una parola corrispondente ad una realtà storica rechi una grande luce per scoprire il suo senso attuale.
Il termine "*paroikìa*" ha conosciuto lungo l'arco della sua storia successivi sviluppi e progressi. La parola *parrocchia* (in latino *paroecia* o *parochìa*) deriva dalla parola greca *paroikìa*. Antecedente a questo termine, è il vocabolo *paroikòs* che presso gli scrittori classici ebbe il significato di *vicino* o *abitare presso*. Presso i Romani, *parochus* indicò la persona che aveva il compito di procurare vitto, alloggio e mezzi di trasporto a coloro che viaggiavano.

Paroikòs[2] è lo straniero, il non cittadino, il forestiero, ma che pur essendo tale vive nella città con diritto di residenza e con tutto ciò che legalmente questo comporta. Per cui il termine *paroikìa* viene a sottolineare la condizione di straniero. È così che Abramo è uno straniero, ossia un *paroikòs* in Egitto, in Palestina e Isacco in Canaan. Gli Ebrei dopo Abramo hanno la coscienza religiosa di essere stranieri in un mondo che non è il loro: essi formano una *parrocchia*, vale a dire una comunità pellegrinante verso la terra promessa.

Tale concetto rimase nella Chiesa primitiva e il termine *paroikìa* dal 150 in poi venne a significare la comunità per eccellenza, cioè l'Ecclesia, situata come una straniera in un mondo pagano[3], fino a che, nell'epoca costantiniana, che vide lo sviluppo e il dilatarsi della Chiesa, il termine *paroikìa* venne esclusivamente usato per designare la più piccola comunità della Chiesa, avente come capo non un Vescovo,

---

[2] G. KITTEL, *Theologisches Worterbuch zum Neuen Testament,* vol. V, pp. 840 – 852.
[3] Cf. ERMA, *Le Pasteur*, 1,1 (Sources Chrétiennes vol. 53, p. 211; GREGORIO DI NAZIANZO, *Elogi di Basilio*, 42,3: Coll. Hemmer – Lyay, Paris 1908, pp. 160-161.

ma un semplice sacerdote delegato del Vescovo[4]. Così la Chiesa universale fu designata con il termine *Chiesa*, mentre con il termine *paroikìa* si indicò tecnicamente una comunità particolare nella Chiesa universale.

Clemente Romano dice: «La Chiesa di Dio che è pellegrina (straniera, *paroikòusa*) in Roma, alla Chiesa di Dio che è straniera (*paroikòusa*) a Corinto».[5]

Il sostantivo *paroikìa* fa il suo primo ingresso ufficiale nella lettera che la Chiesa di Smirne scrive alla Chiesa di Filomelo, per informarla del martirio di Policarpo, e viene usata per indicata la Chiesa locale.[6]

2. NASCITA DELLA PARROCCHIA

Nei primi secoli la diffusione del Cristianesimo in Italia, come in altre aree occidentali dell'Impero Romano, è stata un fenomeno quasi esclusivamente urbano, soprattutto in area settentrionale, e solo a partire del IV secolo si verificò quell'espansione della cristianizzazione nelle campagne, nei *pagi*, che a lungo incontrò una tenace resistenza da parte delle popolazioni locali[7]. Per rispettare la tradizione urbana dell'Impero romano (una tradizione che si perpetuò anche dopo la sua fine), invece di procedere alla creazione di piccole diocesi incentrate sui villaggi con a capo i cosiddetti "corepiscopi", come pure avvenne in alcune aree dell'Italia Meridionale (per es., in Puglia), i territori rurali delle diocesi furono mantenuti sotto il controllo ecclesiastico delle chiese cittadine e, per la loro amministrazione, furono suddivisi in distretti di dimensioni ridotte. Solo con il passare del tempo questi stessi distretti (o altri con caratteristiche simili), intesi nel senso di popoli di fedeli, ma talora anche di territori (come in seguito si affermerà sempre più spesso) e di chiese con un proprio patrimonio, hanno preso il nome di "parrocchie". Questo termine, infatti, in lingua greca significava vicinato ed era usato nel diritto pubblico romano del III-V secolo per indicare un gruppo di province governate da un alto funzionario (il vicario)[8]: nel linguaggio ecclesiastico occidentale era stato usato inizialmente per indicare il territorio governato da un vescovo, cioè l'intera diocesi (che per lungo tempo coincideva di fatto con il territorio urbano), mentre proprio quest'ultima parola

[4] Nel IV secolo la parola *paroecia* è usata per designare la diocesi. Nel VI secolo in poi (Concilio di Parigi, 614) nelle decisioni conciliari, con il termine *parrocchia* si indica la zona territoriale così come noi oggi la concepiamo. Cf. C. DILLENSCHNEINDER, *Il parroco e la sua parrocchia*, Bologna, 1966, pp. 15-17.

[5] I CLEM, *Proem.*, Ed. Funk, Patres apostolici[2] 1, p. 99.

[6] *Martyre de s. Policarpe*, Proemio, Ed. Funk, Patres apostolici 1, p. 315.

[7] Cf. G. ANDENNA, *Pievi e parrocchie in Italia centro- settentrionale*, in G. ANDENNA, *Pensiero e sperimentazioni istituzionali nella 'Societas Christiana' (1046-1250)*, Atti della sedicesima Settimana internazionale di studio Mendola, 26-31 agosto 2004, Milano, Vita e Pensiero, 2007, 371-405.

[8] Cf. V. BO, *Storia della parrocchia. I secoli delle origini (sec. IV-V)*, Bologna, Edizioni Dehoniane, 1988-2004.

indicava la parrocchia rurale. Quindi, anche il nome di "parroco"[9], che oggi usiamo normalmente, ha sostituito solo assai lentamente quello giuridicamente più corretto di *sacerdos proprius*, che designa il sacerdote del distretto ecclesiastico, al quale il fedele è obbligatoriamente soggetto per l'amministrazione dei sacramenti (in particolare il battesimo), per i funerali, per il controllo dei comportamenti ecc.

Le chiese di questi distretti dipendevano da un vescovo e godevano di proprie entrate, che gestivano autonomamente e che derivavano sia dal possesso di propri beni fondiari (talvolta provenienti dallo stesso patrimonio episcopale), sia dalla porzione della "decima" vescovile spettante al clero. A queste entrate si aggiungevano offerte ed elemosine dovute dai fedeli per l'amministrazione di alcuni sacramenti, in particolare quelli connessi alle tappe principali dell'esistenza umana, come la nascita, il matrimonio e la morte (in seguito saranno chiamati "diritti di stola"). Non si può escludere, però, che già nella tarda antichità romana alcune di queste chiese rurali dispensatrici di sacramenti siano sorte per iniziativa e a spese non solo dei vescovi cittadini, ma anche degli stessi abitanti dei *vici* oppure dei proprietari dei grandi patrimoni fondiari, nelle loro *villae*, assumendo denominazioni come *oratoria, martyria, memoriae, oracula, basilicae, capellae.* Nelle città, invece, l'unicità del distretto ecclesiastico si mantenne più a lungo, sotto la guida e la cura del vescovo, coadiuvato dal suo clero: questa "parrocchialità" urbana esclusiva del vescovo si protrasse nel tempo, in qualche caso fu persino ristabilita dopo la rifondazione delle diocesi (come nella Sicilia dopo la conquista normanna) ed è arrivata fin quasi ai nostri giorni (in una città popolosa come Catania, per es.). Ciò non esclude, però, che nelle città demicamente più ricche – a partire dalla stessa Roma – fossero presenti altre chiese (come i *tituli* e i *cemeteria* nel caso romano), nelle quali i sacerdoti del presbiterio episcopale potevano svolgere per i fedeli alcune funzioni liturgiche e talora anche sacramentali su mandato del loro vescovo: la crescita e la trasformazione di queste succursali in vere parrocchie urbane fu un processo lento, disomogeneo, con risultati variabili da luogo a luogo. Anzi, dobbiamo ritenere che anche all'interno di ciascuna Chiesa locale la costruzione di un reticolo distrettuale ben definito sia stata l'esito di processi storici differenti e complessi nei tempi e nei modi: il frutto non già di programmi lineari e predeterminati, quanto piuttosto delle risposte adottate volta per volta di fronte all'emersione di problemi, alla presentazione di richieste da parte dei fedeli o degli ecclesiastici stessi.

I tempi e le modalità della genesi e della diffusione di queste strutture intermedie fra vescovo e fedeli sono tuttora in parte oscuri, anche perché dopo la fine dell'Impero Romano d'Occidente si sono abbattuti sulla nostra penisola due lunghe fasi di sconvolgimenti politici, che ne hanno devastato le strutture materiali e gli insediamenti umani, frantumandone l'assetto unitario risalente al I secolo a. C.: prima

---

[9] Cf. L. ALLEGRA, *Il parroco: un mediatore fra alta e bassa e cultura*, in C. VIVANTI, *Storia d'Italia. Annali 4. Intellettuali e potere*, Torino, Einaudi, 1981, 895-947.

l'invasione longobarda e, dopo, le incursioni di Saraceni, di Ungari e di Normanni. Le conseguenze di questi eventi politico-militari furono pesantissime anche sulle Chiese locali, sia per le distruzioni e le perdite arrecate ai luoghi culto e alla loro documentazione, sia per la diversità delle dinamiche istituzionali innestate in quei tempi, divenute nel secolo scorso oggetto di studi e dibattiti da parte degli storici. La storiografia, infatti, si è posta il problema se il primo inquadramento istituzionale del cristianesimo nelle campagne sia avvenuto solo sulla base delle precedenti circoscrizioni civili (i *pagi* romani) o se talora abbia percorso nuove strade, rispondenti a esigenze specifiche della tarda antichità (come la maggiore o minore accessibilità dei luoghi, la permanenza di vie di comunicazione ecc.), costituendo così le premesse per la successiva fondazione di nuovi agglomerati umani, destinati talora a un solido successo, talora invece a un rapido declino, secondo il sopravvenire di ulteriori eventi e processi, fortunati o sfortunati. In altri termini, sin dalle sue origini e fino ai nostri giorni compresi l'istituto parrocchiale ha conosciuto una storia segnata dal paradigma della "continuità-discontinuità", variabile nei tempi e nei luoghi, da studiare con pazienza caso per caso. Una dialettica simile si trascina da secoli fra la dimensione territoriale e la dimensione antropica della parrocchia. Se, infatti, con il trascorrere dei secoli i distretti parrocchiali hanno assunto confini geografici sempre più definiti e precisi, l'aspetto *personale* dell'adesione-subordinazione d'individui e famiglie alla singola parrocchia, che ne caratterizzava le origini, è riemerso vistosamente lungo tutto il secondo millennio sotto la forma dell'esenzione di singoli e di comunità rispetto alla giurisdizione spirituale ordinaria su base territoriale.

3. La Parrocchia da Costantino al Medioevo

L'editto di Costantino cambia la situazione della Chiesa, nel senso che i cristiani non vivono più in un *paese straniero*, ma hanno acquisito il diritto di cittadinanza in un mondo ancora prevalentemente pagano. Grazie a questa libertà, il sistema parrocchiale si sviluppa. A partire dal V secolo fioriscono molti sinodi diocesani che si interessano di offrire all'istituto parrocchiale una configurazione sempre più precisa, fissandone i confini ed indicando con chiarezza i doveri e i diritti dei parroci. L'idea di un *beneficium* parrocchiale prende sempre più piede, recando poi, purtroppo, notevoli disfunzioni nell'esercizio del ministero.

Bisogna notare che la Chiesa era divenuta una potenza proprietaria in tutte le regioni convertite al cristianesimo: ogni diocesi non possedeva soltanto la cattedrale, ma delle chiese e benefici decentrati in tutta la circoscrizione diocesana.

Il clero rurale, a partire dal VII secolo[10], già si trova in testa a parrocchie organizzate, senza nessun obbligo di celebrare, nelle grandi solennità, accanto al

[10] Cf. G.P. Brogiolo, *Le chiese rurali tra VII e VIII secolo in Italia settentrionale. Seminario sul tardo antico e l'Alto Medioevo in Italia settentrionale*, Garda, 8-10 aprile 2000, Mantova, SAP, 2001.

proprio Vescovo. Dall'altra parte, i signori proprietari di terre fondano chiese nei loro rispettivi territori, ne dispongono come una loro proprietà privata, in una parola ne divengono padroni, anche se i Vescovi, nei Sinodi e nei Concili, non approvano e vanno contro a questa situazione.

Al momento delle invasioni barbariche nell'Impero romano, molte parrocchie vengono distrutte. E quando si penserà a ricostruirle, non lo faranno solo i Vescovi.

Il re, i nobili, i ricchi signori vogliono avere sulle loro terre chiese personali (cappelle, oratori). Avendole fatte costruire, le considerano come loro proprietà e pretendono di disporre a loro piacimento; le vendono, le trasmettono in eredità, ne usano le rendite, molti, ovviamente, costruiscono Chiese sulle loro terre per trarne guadagno.

Il sacerdote incaricato di servire queste chiese, è un ecclesiastico qualunque, che spesso, a malapena, sa leggere e scrivere, insediato dal suo signore e a lui assoggettato. Nessuna traccia quindi, in queste chiese, di pastorale organizzata, di predicazione o d'istruzione religiosa.[11]

4. La Parrocchia nel Medioevo

La suddivisione del periodo Medioevale in due grandi parti, il feudalesimo e l'istituto comunale, è valida anche nell'evoluzione storica della Parrocchia[12].

4.1 L'età feudale

I tratti caratteristici di questo periodo sono i seguenti: la riforma carolingia, l'istituto canonicale, la conservazione dell'unità plebana in Italia, la chiesa propria.

Carlomagno fu l'animatore di quella riforma della Chiesa, che san Bonifacio si era sforzato di promuovere. Come primo elemento fu rinsaldata l'autorità del Vescovo nella sua diocesi. Il Vescovo acquista diritto di visita su tutte le parrocchie, anche su quelle fondate dai signori e gli stessi monasteri risentono della sua giurisdizione. Al di sopra della autorità del Vescovo fu stabilita quella dei metropolitani. Carlomagno restaurò l'antico sistema metropolitano[13], e provvide pure ad una migliore educazione del clero, del computo e della grammatica. Un altro problema importante fu quello dei beni ecclesiastici. Per venire incontro alle necessità delle parrocchie rurali assolutamente prive di fondi, rese regolare la percezione della decima, da parte della chiesa parrocchiale. Il patrimonio della parrocchia fu diviso in tre grandi parti ben distinte: 1) la parte di beni di possesso personale del parroco; 2) i pascoli, bestiame e boschi; 3) la tenuta, cioè la parte coltivata dai libellarii. Oltre a questo patrimonio

---

[11] C. Dillenschneider, *Il Parroco e la sua Parrocchia,* Ed. Dehoniane, Bologna 1966, pp. 17-18.
[12] A. Mazzoli, *La Pastorale della Parrocchia moderna,* Ed. Queriniana, Brescia 1968, p. 15.
[13] Cf. K. Bihlmeyer – H. Tuchle, *Storia della Chiesa. Vol. 2: il Medioevo*, Morcelliana, Brescia 2009[15], 333.

terriero, il rettore della parrocchia aveva altri introiti: la decima, le offerte in pane, vino, cera e primizie.

Carlomagno, inoltre, voleva che nelle chiese servite da più chierici si introducesse la regola di vita canonica. Redasse pertanto una costituzione che si avvicina alla regola benedettina e agli statuti dei canonici del Laterano. I preti abitavano tutti nella stessa casa del capitolo, mangiavano insieme e dormivano nello stesso dormitorio. Tutti i membri del capitolo erano tenuti ad assistere agli uffici del coro. Tutte le domeniche e i giorni di festa essi ricevevano la comunione; la confessione era obbligatoria almeno due volte l'anno. Questa organizzazione rappresentava l'ideale della vita di comunità per il clero secolare[14].

La regola della vita collegiale anche in Italia fu estesa in questo periodo a tutte le chiese che avevano pluralità di clero.

Dal sec. IV al sec. VII in Italia si formò e si completò l'organizzazione ecclesiastica nelle campagne. Nei secoli VIII e IX si moltiplicò il numero delle chiese o cappelle nel territorio delle *pievi*[15], ma fino a tutto il sec. XI la *pieve* conservò intatti i suoi antichi diritti e le nuove chiese sorte nel suo territorio rimasero sotto la sua giurisdizione.

La differenza fondamentale fra la *pieve* e le chiese subalterne stava nel fatto che soltanto la pieve aveva il battistero, il cimitero e il diritto di esigere le decime. L'elezione degli *arcipreti*[16] o *pievani* doveva essere fatto dal clero e dal popolo. La legislazione carolingia emanata particolarmente in Italia ci fa conoscere quali erano gli abusi più frequenti. C'erano uomini laici che detenevano chiese battesimali.

Nell'alto medioevo uno dei tratti più caratteristici e ordinari è l'esistenza di cappelle, chiese, monasteri, parrocchie e in qualche caso perfino cattedrali di proprietà particolare, i padroni delle quali vi esercitano facoltà di dominio come si trattasse di beni non sacri. Documenti del tempo ci parlano di vendite, divisioni, donazioni, eredità di chiese, cappelle, monasteri, con tutte le loro dipendenze, con i loro servi, talvolta anche con i chierici addetti ad esse, con tutti i frutti, campi, terre, alberi, prati, molini, animali, primizie, decime, diritti di stola e di sepoltura. La chiesa, il monastero, la basilica erano di proprietà di un signore ecclesiastico o laico. Egli nominava il chierico che doveva offrire la sua chiesa e disponeva d'una parte importante, talvolta della totalità delle rendite della chiesa stessa. Il periodo carolingio consacrò nella legislazione la proprietà dei laici sopra le chiese.

I carolingi, tuttavia, vollero restaurare la giurisdizione vescovile sui beni di tutte le chiese contro il moto di decentralizzazione. Allora accadde un altro fenomeno:

---

[14] MANSI, *Concilia XIV* 313, Migne Lat. 89, 1594.

[15] Cf. M. RONZANI, *Aspetti e problemi delle pievi e delle parrocchie cittadine nell'Italia centro-settentrionale*, in *Pievi e parrocchie in Italia*, Atti del VI Convegno di Storia della Chiesa in Italia (Firenze, 21-25 sett. 1981), Roma, Herder, 1984, pp. 307-349.

[16] Erano sacerdoti che stavano a capo di un certo numero di parrocchie e costituivano degli organi intermedi fra i parroci e il vescovo.

dall'unità di giurisdizione derivò, come conseguenza, l'unità del patrimonio. Nel XI sec. le parrocchie, divenute proprietà del vescovado, comporteranno un *quid unum* con il vescovato. Il vescovo è trasformato in un signore feudale che concede le chiese a titolo di beneficio, riceve dal prete il giuramento di fedeltà e l'omaggio, ed esige dei servizi e dei censi di carattere feudale. Diversi ed opposti furono gli effetti di questa condizione giuridica. Se l'erezione di chiese da parte dei signori nei loro fondi recò grandi vantaggi per la propagazione del cristianesimo, soprattutto nelle campagne, quando si trasformarono in proprietà privata, diedero luogo a gravi danni.
La chiesa venne praticamente in potere dei laici e la disciplina ecclesiastica subì una profonda decadenza[17].

4.2 L'ETÀ COMUNALE

L'avvenimento che caratterizza questo periodo è la riforma gregoriana. Fu necessaria questa riforma per la libertà alla Chiesa. Sotto la pressione dell'opinione e della minaccia della Chiesa avvennero restituzioni in gran numero[18], sia sotto forma di compensi spirituali ed onorifici e sia sotto la forma di transazione venale. Queste chiese restituite, conservarono ancora il carattere di chiese proprie. Tale concetto, viene sostituito a poco a poco con quello di *giuspatronato*. Il termine *ius patronatus* ha diversi sensi (*ius praesentandi, ius collationis, ius electionis*). Questo diritto all'inizio del XI secolo è un diritto reale[19].

La cosa più importante fu la separazione delle funzioni spirituali da quelle temporali. Questa distinzione derivava dalla natura stessa delle istituzioni ecclesiastiche e corrispondeva a una divisione logica antica come la Chiesa. Ogni cosa particolare ha i suoi interessi spirituali e materiali, un tempo compenetrati insieme, le cui funzioni però potevano separarsi e affidarsi a soggetti diversi qualora le necessità della vita sociale lo richiedessero. La loro separazione contribuì in maniera determinante alla formazione del diritto di patronato. I signori patroni non potevano continuare a esercitare i loro antichi diritti considerandoli come propri, nel modo e con la forza che avevano avuto fino all'epoca della riforma gregoriana. Gli interessi spirituali della Chiesa non potevano essere affidati a nessun secolare: erano di competenza esclusiva della Chiesa.[20]

---

[17] Cf. A. MAZZOLI, *La Pastorale della Parrocchia moderna*, p. 19.

[18] Per rafforzare il ruolo pubblico delle chiese parrocchiali – dipendenti dai vescovi diocesani – nei confronti degli istituti esenti e dei privilegi dei particolari, papa Leone IX (1049-1054) inviò una lettera ai vescovi dell'Italia, nella quale stabiliva che ogni laico, che intendesse entrare in un monastero, dovesse prima disporre della metà dei suoi beni in favore della parrocchia nella quale fino ad allora era vissuto. Cf. V. PASCHE, *La parrocchia nel Medio evo: economia, scambi, solidarietà*, Roma, Herder, 1995.

[19] Cf. A. MAZZOLI, *La Pastorale della Parrocchia moderna*, p. 20.

[20] Anche il Concilio Lateranense III (1779) appoggiò la concezione secondo la quale il patronato non è altro che la grazia, una concessione, una tolleranza da parte della Chiesa, e che non compete – a

Graziano sostenne che i laici non potevano possedere chiese, né per diritto proprio, né per autorità dei vescovi.[21]

Nel XII secolo le pievi cominciarono ad acquistare i diritti parrocchiali e si avviarono ad una autonomia quasi completa. La parrocchialità di una chiesa fu originata da un fatto di ordine pratico, cioè dalla frequenza del popolo insediato nelle sue vicinanze; sorgono frattanto i comuni rurali. Le cause dello smembramento della pieve furono senza dubbio molteplici e complesse.

Uno dei postulati fondamentali della riforma gregoriana fu il ristabilimento della disciplina nel clero. La vita comune fu indicata come un mezzo indispensabile per ottenere questo fine. La vita canonica si diffuse sia nelle chiese maggiori della città, sia nelle pievi rurali che divennero generalmente collegiate.

5. La Parrocchia nell'Umanesimo

In questo periodo la Santa Sede cercò di limitare il più possibile anche il diritto di presentazione riconosciuto ai patroni nonché quello di *collazione* spettante ai *collattori* ordinari e quello di elezione. L'attività dei Papi contro i detentori di questo potere raggiunse il culmine all'epoca del grande scisma d'Occidente.

Dal XIII secolo in poi, quanto più si consolida l'autonomia delle nuove parrocchie, tanto più si attenua l'istituzione della pievania.

Molte pievi sono addirittura disertate e distrutte e dalle loro rovine sorgono altre chiese e parrocchie che fanno dimenticare, molto spesso, il nome dell'antica chiesa matrice.

È questo il periodo dell'emancipazione delle cappelle, delle frequenti e insistenti contese e vertenze, dei contratti stipulati per stabilirne l'autonomia, per regolare le pretese dei diritti plebani.[22] Insieme alla distruzione del vincolo unitario della pieve, si sciolsero anche i collegi di chierici raccolti presso di essa e si disgregano la vita comune e le scuole per i chierici.[23] La cultura si raggiungeva presso i liberi maestri, le scuole libere, le università. A disgregare la vita canonica ci fu anche una causa giuridica: le ordinazioni non si facevano più a titolo di beneficio di una chiesa, ma si facevano assolute, cioè senza i vincoli presso determinate chiese.

---

rigore di diritto – a nessun secolare, perché i secolari sono incapaci di essere investiti di poteri spirituali.

[21] *Decretum Gratiani,* c. XVI, p. 1, q. 7.

[22] Cf. C. VIOLANTE, *Pievi e parrocchie dalla fine del X all'inizio del XIII secolo*, in *Le istituzioni ecclesiastiche della «Societas Christiana» dei secoli XI-XII. Diocesi, pievi e parrocchie,* Atti della sesta Settimana internazionale di studio, Milano, 1-7 settembre 1974, Milano 1977, p. 643-799.

[23] Cf. A. PARAVICINI BAGLIANI – V. PASCHE, *La parrocchia nel Medio evo: economia, scambi, solidarietà*, Roma, Herder, 1995.

Nel XIV, secolo e nei secoli successivi, assistiamo ad una vera gara nell'erigere nuove cappellanie e nuovi altari. Queste cappellanie non sono altro che benefici semplici, fondati sopra un altare o una cappella con il solo obbligo della celebrazione di un determinato numero di messe.

Nello stesso periodo si va formando l'istituto delle *corretterie:* cioè certe chiese, pur non essendo parrocchie, esercitavano su determinati gruppi di case alcuni diritti parrocchiali (per esempio il diritto di fare matrimoni, di date la comunione pasquale, il diritto di seppellire i morti)[24].

Un'altra istituzione prese notevole sviluppo in questo periodo: *le confraternite religiose.* Erano società di fedeli di ambo i sessi, delle quali il fine poteva essere vario: di promuovere una devozione particolare con pratiche in comune, di attendere ad opere di pietà e di carità cristiana, di fomentare lo spirito di penitenza dei congregati. Fin dal XIII secolo abbiamo notizia, inoltre, di vicari del vescovo per determinate regioni rurali. Nei secoli che seguono, queste notizie si fanno più frequenti e vengono meglio chiarite le mansioni annesse a questo ufficio. Il vicario foraneo appare investito dei poteri di vicario generale, però limitante ad una parte della diocesi. Nel periodo di applicazione del Concilio di Trento, l'intera diocesi sarà suddivisa in vicariati, ma l'autorità di questi non sarà più quella di un vicario generale, ma potrà paragonarsi all'autorità degli antichi pievani.

6. La Parrocchia e il Concilio di Trento

Il Concilio di Treno è una svolta determinante nel cammino della comunità credente, grazie anche alla dirompente azione del movimento protestante. Tuttavia, sostenere che il Concilio sarebbe dovuto solo alla reazione della Chiesa cattolica al pensiero di Lutero e che il rinnovamento impresso dai pontefici dalla seconda metà del '500 in poi non avrebbe luogo se non vi fosse stato presente l'elemento rottura costituito dalla Riforma,[25] rischia di limitare moltissimo la dinamica che animava la comunità ecclesiale agli inizi del XVI secolo. Il bisogno di rinnovare l'espressione della comunità credente delineando modelli più prossimi alle origini era già presente durante tutto il '400. Ne è testimonianza il proliferare delle cosiddette *teorie conciliariste,* dibattute nei concili. Anche nelle vicende locali riscontriamo attività orientate al rinnovamento, a riscoprire le cause della disgregazione e a ricostituire l'unità. Il tema centrale fu quello di una riorganizzazione generale della comunità ecclesiale. I vescovi promossero sinodi diversi nei quali veniva richiamata una condotta più austera del clero e soprattutto all'onesta di porsi nei confronti dei credenti. Nonostante le agitazioni che animarono la chiesa in questo periodo di decadenza che precedettero la riforma protestante, le migliori espressioni della vitalità

[24] Cf. A. Mazzoli, *La Pastorale della Parrocchia moderna*, p. 23.
[25] Cf. H. Jedin, *Riforma cattolica o Controriforma?*, Morcelliana, Brescia 1957.

cristiana avvenivano a livello locale. Non poche parrocchie esprimevano un'attività spirituale molto intensa e i credenti rispondevano ai richiamo della chiesa con una partecipazione comunitaria a tratti notevole, tramite l'adesione alle confraternite e ai terz'ordini. Si tentava di restituire al clero quella credibilità che era venuta meno. Fu questa anche l'opera di papa Adriano VI. Era nota la sua posizione sugli abusi della pratica delle indulgenze. Egli riconosceva la responsabilità della Chiesa nel processo di decadenza e nello stesso tempo era consapevole degli errori divulgati dalla riforma protestante.

Purga Romam, purgatur mundus (Adriano VI), questo principio rapportato all'istituto parrocchiale postula la riforma del clero, in particolare dei parroci, i quali vivono quotidianamente a contatto con i credenti. Inizia così la stagione della formazione del clero a livello spirituale, teologico e culturale. Il Concilio rese obbligatoria l'istituzione dei seminari, offrendo indicazioni per la loro creazione e il funzionamento,[26] in vista anche del discernimento spirituale dei candidati a sradicare così l'uso di ordinare perché lo stato ecclesiale assicurava sostentamento e privilegi.

Il Concilio offre anche la legislazione che fa diventare la parrocchia un organismo ecclesiale efficace. Infatti, determina le modalità della nomina del parroco, delimita il territorio parrocchiale, detta le norme circa la predicazione, regolamenta il culto, principalmente in riferimento all'Eucaristia e alla sua celebrazione.

Il Concilio di Trento certamente non risolse *ipso facto* tutti i problemi del tempo, anche perché maturerà un contesto sociale, politico e culturale diverso. Il suo merito è di aver indicato, soprattutto per la parrocchia, orientamenti determinanti, senza cedere ai condizionamenti contingenti. Da Trento in poi, le parrocchie potranno contare su un clero selezionato e preparato spiritualmente, culturalmente e pastoralmente.[27] Il volto nuovo della comunità credente disegnato non ebbe facile applicazione, ma è stata consegnata nella storia parrocchia rigenerata. La Chiesa dovette affrontare le successive sfide di concezioni politiche, di sistemi filosofici, di orientamenti culturali, di ribollimenti sociali non indifferenti. Tuttavia, la comunità credente è stata attenta alle situazioni del mondo e ha avuto la capacità di dare risposte alle sfide, anche se non sempre adeguate. *Resta la costatazione che la comunità cristiana non si è chiusa narcisisticamente in se stessa, ma si è aperta alla vita del mondo che la rende protagonista della storia.*[28]

La struttura e le forme assunte dalla parrocchia successivamente alla celebrazione del Concilio diventano distintive e centrali per un orientamento culturale cattolico volto a ricostruire l'ordine turbato dal protestantesimo. All'interno della comunità cattolica non mancano le discussioni teologiche, le quali non sono semplicemente

---

[26] G. ALBERIGO, *Storia dei Concili ecumenici,* Morcelliana, Brescia 1993, p. 133.

[27] Cf. D. MONTANARI, *L'immagine del parroco nella riforma cattolica,* in «Archivio storico per le province parmensi» 30 (1978), p. 71-146.

[28] P. A. DI PALO, *La parrocchia: dimora di Dio nell'oggi dell'uomo*, Dehoniana, Bologna 2013, p. 185.

eventi che riguardano la riflessione e la vita della stessa, ma sono anche il frutto di spinte e innovazioni culturali che hanno un'ascendenza particolare. Un esempio è il lassismo che cede il posto al rigorismo, espresso dall'atteggiamento dei vescovi che diventano nel frattempo più severi, esigenti, inflessibili e rigidi, comportamento evidenziato dallo stile di governo dei vescovi e delle visite pastorali divenute notarili. Anche la cultura barocca del XVII secolo, più che influenzare la parrocchia nella sua vita pastorale, l'arricchisce di esteriorità e di appariscenza; è il periodo della solennità delle celebrazioni, della ricchezza delle suppellettili sacre, del rubricismo, della scenografia.[29] La parrocchia, quindi, è parte integrante del tessuto umano, ne vive le contraddizioni della vita di ogni giorno. I mutamenti culturali vengono percepiti attraverso quelle realtà che diventano tentativi di condizionamento e di depauperamento. Non possiamo, però, dimenticare che, con il Concilio di Trento, la parrocchia ha recuperato elementi e connotati sbiaditi nel tempo ed è stata *modellata e strutturata secondo le esigenze di un determinato contesto: quello espresso dalla cultura propria di quel periodo. In altri termini Trento offrì un modello, diremmo oggi, avanzato e progressista rispetto alla situazione generale di allora, pur offrendo un modello "per quel" contesto culturale e "per quella" concezione della vita sociale.*[30]

7. La Parrocchia nel Settecento

Prima ancora della rivoluzione francese, il contesto culturale subisce un profondo processo di cambiamento con la rivoluzione industriale, la quale apporta rapide trasformazioni di pensiero, dottrina e stili di vita attraverso l'innovazione tecnica, lo spirito imprenditoriale, la fine dei legami feudali e delle proprietà ecclesiastiche, lo sviluppo dell'urbanizzazione, la rivoluzione agricola e demografica, la fine dell'aristocrazia che viene sostituita dalla borghesia, le nuove classi sociali costituite dai capitalisti e dagli operai.[31]

Le parrocchie saranno spinte a trovare nuove forme di adattamento, di presenza e di convivenza anche perché ci sarà un mondo politico, economico e culturale che comincerà a prendere le distanze dalla comunità ecclesiale.

La parrocchia deve confrontarsi con un nuovo soggetto, il quale non dipende più dalla comunità credente, ma si muove secondo una dinamica di progetto sociale che troverà il suo culmine nella rivoluzione francese. Abbiamo un uomo che esiste in sé e per sé, che basta a se stesso. La natura come struttura materiale della realtà che abita,

---

[29] Cf. V. De Marco, *L'influsso del mutamento culturale nell'evoluzione delle forme della parrocchia dal modellino tridentino ad oggi,* in Cei – Servizio Nazionale per il progetto culturale, *Ripensare la parrocchia,* Dehoniana, Bologna 2004, p. 22-24.

[30] V. Bo, *La storia della parrocchia,* in *Parrocchia e pastorale parrocchiale. Storia, teologia e linee pastorali,* supplemento a «Settimana» 27 (1986), p. 32.

[31] Cf. Ph. Deane, *La prima rivoluzione industriale,* Il Mulino, Bologna 1971.

la personalità intesa come l'io che vive e la cultura intesa come il tentativo di comprendersi non sono più un ponte lanciato verso il mistero, verso Dio, ma sono autosufficienti. Il nuovo soggetto umano non dice che Dio non esiste, ma sottrae a Dio gli spazi della vita umana, è l'uomo che rivendica i "suoi" spazi per riportarli a se stesso perché unico artefice del suo futuro. L'elemento dinamico che lo determina è la ragione, la sua fondamentale risorsa. Da qui le forme di scontro con la comunità credente che, con il tempo, assumeranno il volto e la forma del laicismo, della indifferenza, della secolarizzazione.

La parrocchia deve confrontarsi anche con una realtà ecclesiale *ad intra*. In essa si agita la spiritualità giansenista,[32] pensiero teologico, politico-ecclesiastico che poneva il problema dei rapporti tra grazia e libertà umana, professava il rigorismo morale trattando il nesso tra impegno etico e salvezza eterna, tra l'opera di Cristo e la fragilità delle opzioni dell'uomo. Inoltre, deve fare i conti con il giurisdizionalismo.[33]

Questo nuovo contesto influisce anche sulla parrocchia. Essa è chiamata a un cambiamento in virtù di questi passaggi tra il politico e il culturale, tra il giuridico e ideologico. Basti pensare che la parrocchia esprimeva se stessa nelle forme sociali di assistenza attraverso monti di pietà, ospedali, dispensari di frumento, ricoveri per i ragazzi poveri e altro. Queste strutture, con il laicismo, sono avvocate a sé dallo Stato.

C'è stato, però, anche un fattore pratico ed effettivo: le parrocchie sono state liberate dall'ingerenza del patronato e restituite alla loro libertà. Le spinte diverse a cui è sottoposta la parrocchia fanno evidenziare gli sforzi che essa compie nel tentativo di rivitalizzarsi; attraverso le missioni popolari si immettono nuove forme di catechesi, di devozioni e nuovi modi di coinvolgere i credenti. Sostanzialmente la parrocchia tridentina tiene. Si cerca di ritrovare la propria collocazione attraverso la comprensione di ciò che è la cura pastorale dei fedeli; infatti avremo vescovi più sensibili che daranno orientamenti precisi circa *un più dichiarato impegno di controllo e di regolamentazione religioso-sociale, attraverso le catechesi, la predicazione popolare e la pratica delle virtù cristiane.*[34] Anche la persona del parroco è coinvolta: è più preparato culturalmente e la parrocchia, pur conservando le sue forme giuridiche, vive una spiritualità, un'attenzione particolare alla catechesi, un interessamento per la cultura del tempo, una nuova mentalità formata sui mutamenti culturali del secolo. Il problema che si presenterà successivamente è una debolezza della parrocchia. Non si accorge che il movimento illuminista sta insinuando delle

[32] Cf. M. MARCOCCHI, *La spiritualità tra giansenismo e quietismo nelle Francia del Seicento*, Ed. Studium, Roma 1983; E. CODIGNOLA, *Illuministi, giansenisti e giacobini nell'Italia del Settecento*, Nuova Italia, Firenze 1947.

[33] "Corrente di pensiero che sostiene, nei rapporti tra stato e chiesa, la separazione tra i due poteri e sottomette la giurisdizione ecclesiastica a quella laica. Intende così rendere deboli i legami delle chiese locali con la Chiesa di Roma, dei vescovi con il papa. Non si tollera altra autorità al di fuori di quella dello Stato". G. MARTINA, *La Chiesa nell'età dell'assolutismo, del liberalismo, del totalitarismo: da Lutero ai nostri giorni: lezioni*, Morcelliana, Brescia 1986^{6}, p. 75-76.

[34] M. ROSA (a cura di), *Cattolicesimo e lumi nel Settecento italiano*, Herder, Roma 1981, p. 11.

forme anticlericali. [35] Il giurisdizionalismo e l'illuminismo hanno inciso profondamente sulla parrocchia in virtù anche delle normative che questi fatti culturali attuavano.[36] Per essi, *il problema della cura pastorale doveva essere risolto da un intervento del governo. In questo progetto generale di riforma devono essere letti una serie di provvedimenti riguardanti la provvista delle chiese parrocchiali e sacramentali, il congruo sostentamento dei parroci, l'amministrazione dei sacramenti.*[37]

Tra i parroci vi è un'accoglienza favorevole perché, con il sostentamento pubblico, l'amministrazione della parrocchia riceve una svolta e la sua influenza si fa sentire sulla dimensione culturale e su una nuova qualità della cura pastorale. Emerge così una nuova comprensione del ministero del parroco e di una parrocchia più rispondente alle esigenze di un contesto sociale che sta cambiando. Si riprende la centralità della parrocchia e i fedeli si riuniscono di nuovo intorno al loro pastore, ma è pur vero che l'autonomia della Chiese viene meno. La Chiesa si muoverà non rincorrendo rivendicazioni, ma cercando di rendersi presente attraverso il servizio alle esigenze della società e in particolare con l'attenzione alle classi più deboli.

8. La Parrocchia nell'Ottocento

Con la rivoluzione francese, abbiamo un significativo e irreversibile cambiamento culturale. È un fenomeno epocale che ha segnato la storia, divenendo anche il denominatore comune di tutti i sistemi ideologici europei, rappresentando uno snodo importante per la comprensione delle contrapposizioni che l'Europa presenta rispetto all'Ancien régime e, ancor più, rispetto al Medioevo. Essa è un rivolgimento nel modo di pensare, fondato sulla destrutturazione organica di un sistema preesistente, con il fine di edificarne uno nuovo, espressione dell'ideologia dalla quale prende forma. In tale ottica, la rivoluzione francese mosse guerra ad una società gerarchica e sacrale che conservava formalmente e praticamente i caratteri del sistema antico. Essa, dunque, ristruttura e ridisegna la società e lo stato anche dal punto di vista del rapporto con la religione cristiana. L'ostilità contro il cristianesimo è dettata dal fatto che la chiesa è considerata istituzione privilegiata congiunta con i ceti privilegiati, ritenuta strumento di governo e fattore di conservazione sociale. La Chiesa di Francia paga a caro prezzo la stretta unione con lo Stato realizzata durante il regno di Luigi XIV; questa unione fu identificata con l'antico regime che, insieme, subirono l'aggressione rivoluzionaria. La scelta di tale orientamento interpretativo deriva, forse, dalla considerazione del rapporto tra cristianesimo ed Europa, in ragione del fatto che

---

[35] Cf. F. Venturi, *Settecento riformatore. Da Muratori a Beccaria*, Einaudi, Torino 1969.

[36] V. De Marco, *L'influsso del mutamento culturale nell'evoluzione delle forme della parrocchia dal modellino tridentino ad oggi*, p. 28.

[37] P. A. Di Palo, *La parrocchia: dimora di Dio nell'oggi dell'uomo*, p. 190.

lo stesso cristianesimo non è una manifestazione culturale, ma l'elemento caratteristico delle radici cristiane dell'Europa. Intreccio che plasma la storia, le coscienze, i sistemi di governo, la cultura, l'arte e tutte le manifestazioni della vita pubblica, perfino la scansione del tempo, della festa: tutto inteso a livello di religione cristiana. La rivoluzione avvia una riorganizzazione del potere, non più a fondamento religioso, ma in termini secolari e razionali. La filosofia illuminista ne rappresenta il retroterra culturale. L'esperienza umana diventa l'emancipazione dell'uomo che esce dal suo stato di minorità. Dio diventa una questione privata; lo stato ha la sua nuova visione della vita, il suo sistema di valori alternativo.[38] La comunità ecclesiale, soprattutto in Italia, guarda con preoccupazione gli eventi, fino a suggerire una predicazione di taglio penitenziale in quanto la rivoluzione che sta avvenendo oltralpe è vista come un castigo di Dio che bisogna fermare. Le parrocchia si trasformano in baluardi di resistenza socio-religiosa.[39] Nel frattempo vi è un orientamento nuovo del riformismo europeo che va a intaccare la parrocchia in alcuni suoi aspetti. Si impone una cultura dello Stato nella sua funzione riformatrice: si istituisce, infatti, l'anagrafe civile, l'istruzione delle pratiche matrimoniali, l'impianto cimiteriale extraurbano, si ha la perdita della funzione sociale del parroco e altro. Si potrebbe pensare a cose secondarie. Ma, intanto sono espressioni del cambiamento culturale in atto perché, attraverso queste, la parrocchia perde la sua centralità, la sua influenza e la sua competenza formale.[40]

La parrocchia perde la sua capacità di accompagnare la vita e le vicende locali. Nello stesso tempo, però, alla parrocchia vengono affidate nuove competenze.[41]

La presenza della parrocchia viene ridotta, svecchiata nelle sue forme organizzative, si ridisegna la sua dimora nel territorio. Questo riduce l'autonomia decisionale della Chiesa, ma permetterà ad essa di divenire il perno della cura pastorale, in quanto sarà solo chiesa battesimale, più episcopale perché i candidati alla cura delle anime vengono presentati dal vescovo. Si rinnova così un aspetto istituzionale della parrocchia.

Termina così la concezione di una parrocchia come un mero patrimonio amministrativo e la si riconsidera nel suo ministero pastorale: ritrova la sua dimensione di porzione della diocesi e modernizza la sua presenza sociale e religiosa.

---

[38] Cf. P. A. DI PALO, *La parrocchia: dimora di Dio nell'oggi dell'uomo*, p. 193.

[39] V. DE MARCO, *Il clero francese immigrato nello Stato Pontificio,* in L. FIORANI (a cura di), *La rivoluzione nello Stato della Chiesa 1789-1799*, Istituti editoriali e poligrafici internazionali, Pisa-Roma 1997, p. 403-423.

[40] A. CESTARO – A. LERRA, *Il Mezzogiorno fra ancien régime e decennio francese,* Osanna, Venosa 1992, p. 57-84.

[41] Il parroco entra nei collegi di beneficenza, per il governo napoleonico egli diventa il veicolo privilegiato per inculturare il popolo sulla necessità della vaccinazione contro il vaiolo, viene utilizzato come strumento per ridurre l'evasione dall'obbligo scolastico, inserendolo anche come insegnante nelle pubbliche scuole, gli viene assicurata una congrua, diventa cinghia di trasmissione di consenso politico. Cf E. Robertazzi, *Potere politico e clero parrocchiale nel regno di Napoli durante il governo dei napoleonici*, in «Ricerca di storia sociale e religiosa» 13 (1978), p. 147-148.

Essa riacquista un'identità più pastorale e meno burocratica, più centrale e più elevata culturalmente, si sente spinta a ricercare modalità nuove nel campo catechetico, sacramentale e culturale.

La cultura della restaurazione continua a disegnare la figura del parroco come funzionario dello Stato e della parrocchia come centro di iniziative ed attività utili socialmente.[42] Ciò causerà la difesa della parrocchia che si chiude in se stessa fino ad isolarsi. Questo nuovo stato di cose sarà superato con la rivoluzione industriale. Sarà questa che spingerà la parrocchia a guardare con più attenzione e sensibilità il mondo che è intorno ad essa, un mondo che appare sempre più laico ed ostile con le connesse trasformazioni culturali, sociali, politiche, demografiche. Si pensi anche alla stampa, che porterà le parrocchie a creare un proprio organo di informazione; alla nascita delle organizzazioni sindacali, alla borghesia indifferente che opera una netta frattura tra stato e chiesa. La parrocchia reagisce a questo nuovo stato di cose perché si sente circondata, imprigionata di fronte alle ostilità estranee ad ogni forma di religione e di culto. Il crescente influsso del socialismo, che predica giustizia per tutti gli uomini, *è una presenza realmente concorrenziale e sul piano ideologico e su quello organizzativo. Si rende necessario un mutamento di metodo pastorale, meglio rispondente ai bisogni di una società di massa e capace di contrastare il socialismo sul suo stesso terreno.*[43] Si determina così una cultura moderna che si tuffa nell'individualismo e nel positivismo.

Accanto a una società più complessa anche la parrocchia si fa una sorta di casa complessa con più moderne strutture collaterali, al fianco di antiche che ancora sopravvivono, come le confraternite.

La nuova cultura coinvolge la parrocchia orientandola a una nuova mentalità organizzativa; i laici non saranno quelli delle confraternite, impicciati in rapporti giuridici e formalistici con il nuovo potere, ma quelli che gestiranno opere sociali come cooperative, casse rurali, scuole serali; si passa da una vita religiosa avulsa dal contesto dell'esistenza a un ruolo sociale pubblico come espressione della testimonianza della vita cristiana. La risposta culturale e sociale della Chiesa fu determinata dalla pubblicazione della *Rerum novarum*, espressione di una parrocchia che tenta di allargare i suoi orizzonti con una presenza più incisiva in un contesto non più cristiano. Nasce la necessità di nuove forme di catechesi, nuove strategie pastorali, nuove strutture per adeguare la propria presenza alle esigenze del territorio.

Nell'ottocento, nonostante i forti mutamenti sociali e culturali, politici e religiosi, economici e demografici, la parrocchia è strettamente unita al territorio che abita e di cui si fa carico, mantiene saldo il legame con le vicende che caratterizzano la vita delle persone.

---

[42] G. DE ROSA, *La parrocchia nell'età contemporanea,* in *La parrocchia in Italia nell'età contemporanea. Atti del II incontro seminariale di Maratea (17-18 maggio 1977),* Napoli 1982, p. 22.
[43] P. A. DI PALO, *La parrocchia: dimora di Dio nell'oggi dell'uomo*, p. 196.

9. La Parrocchia nel Novecento

Con la celebrazione del Concilio Vaticano II la parrocchia abbandona in maniera definitiva il modello tridentino che l'ha ispirata in questi secoli. Essa vive una nuova stagione alla luce degli avvenimenti politici e culturali che caratterizzano il novecento, come il rafforzamento della cultura capitalista, il ritmo di crescita urbana che impone la creazione di nuove parrocchie, il nazional-socialismo, le guerre mondiali, il ventennio fascista, il boom economico del dopoguerra.[44] La parrocchia conserva la sua forza aggregante, siamo in un tempo in cui la preparazione culturale dei parroci li apre a orizzonti diversi, divengono più sensibili e attenti agli eventi culturali, più aperti ad un'azione pastorale che affronta la complessità della società, più impegnati in polivalenti e diversi settori, più capaci di interagire con i laici.

In questo tempo, però, si lascia intravedere l'inizio di un divario tra parrocchia e società; quest'ultima è interessata a un processo di modernizzazione, il quale sarà interrotto solo con la guerra mondiale e ripreso subito dopo.

La crisi di identità della parrocchia è data anche dalla distanza dalla quotidianità reale e dalla perdita di contatto con le problematiche umane, religiose, sociali, economiche dei credenti, ai quali ha offerto una religiosità consolatoria e soporifera, una religiosità di deserto. Si comincia a porre il problema di revisione dell'azione pastorale e del suo metodo per rinnovare i poli di attrazione,[45] ma c'è anche un sottofondo: poco si vuole cambiare, se non quello strettamente necessario e consono ai nuovi tempi.

L'attuazione del Concilio costituisce un forte momento culturale per le parrocchie perché non si tratta di attuare norme, ma di trasformare la mentalità abbattendo le forme obsolete e le mura vetuste, perché non si tratta di cambiare la parrocchia come istituzione, ma di darle uno spirito nuovo. Non mancano certamente le ombre, ma la crisi della parrocchia può essere superata se non si snaturano le sue caratteristiche fondamentali, i suoi compiti e la sua testimonianza missionaria ed evangelizzatrice.[46]

[44] Cf. E. Pin, *Dalla parrocchia rurale alla parrocchia urbana,* in H. Carrier – E. Pin, *Saggi di sociologia religiosa,* AVE, Roma 1967.

[45] Le riflessioni cominciano ad emergere anche negli incontri della Conferenza Episcopale Italiana degli anni '50; una panoramica di esse è offerta da F. Sportelli, *La Conferenza Episcopale Italiana (1952-1972),* Congedo, Galatina (LE) 1994, p. 9-168; E. Franchini, *Il rinnovamento della pastorale. Guida alla lettura della pastorale CEI (1970-1990)*, Dehoniane, Bologna 1991.

[46] Cf. T. Stenico, *La parrocchia focolare di catechesi e il ministero catechistico del parroco,* LEV, Città del Vaticano 2001.

Capitolo II

La Parrocchia è ancora la fontana del villaggio?

Ciascuno di noi deve interrogarsi come poter nutrire questo popolo che vive in un deserto arido e senz'acqua.

Famiglie divise, giovani a cui gli viene tolto il futuro. Diseducati all'essere progettuali, vivono in una continua ricerca di nuove emozioni, anche quando nutrono forti intuizioni spirituali, si trovano poi a fare i conti con la propria fragilità che pare non consentire la realizzazione di sé. Vivono in una dominante insicurezza psicologica, che mina la loro identità.

La parrocchia è un crocevia dove ci si scontra ed incontra con questi problemi. Ma è capace ancora di dare risposte?

Fu definita da Papa Giovanni XXIII *fontana del villaggio*[47], nel periodo del Concilio e quello precedente, era il luogo per eccellenza dove la gente si incontrava e soprattutto incontrava Cristo. La mutazione dei tempi ha provocato un apparente superamento di questa struttura e viene ritenuta inadeguata a mediare il messaggio cristiano in un mondo assetato di effimeri bisogni.

Eppure è proprio nel deserto del nostro tempo che bisogna portare acqua viva!

La pastorale del XX secolo, pur segnata dal cambiamento ecclesiologico voluto dal Concilio Vaticano II, non è stata in grado di rinnovare in maniera significativa la vita delle parrocchie. Il rinnovamento non ha generato un reale cambiamento della struttura parrocchiale.

La comunità parrocchiale è rimasta imprigionata nella sua consueta configurazione: luogo dove si celebrano i sacramenti, anziché essere primariamente luogo di evangelizzazione e di carità. Chiusa nel suo isolamento, inadeguata a trovare nuovi linguaggi per annunciare il Vangelo, la parrocchia è rimasta avulsa dalle problematiche del territorio e incapace di vivificarlo. La parrocchia è inadeguata anche a vivere una reale vita di comunione con le altre comunità.

Il problema è più grave di quanto appaia perché oggi più che mai il destino della Chiesa si gioca nella comunità parrocchiale. La parrocchia, concreta espressione della Chiesa locale, è il luogo dove si estrinseca la credibilità della Chiesa e del messaggio cristiano. *Se la parrocchia funziona, funziona la Chiesa! Ma se la parrocchia continua ad essere vissuta solo come "stazione di servizio" e non come*

---

[47] Giovanni XXIII, *Omelia nella celebrazione della solenne liturgia in rito bizantino-slavo in onore di san Giovanni Crisostomo* (13 novembre 1960) AAS 52 (1960), 959.

realizzazione piena della Chiesa in un determinato territorio, il fallimento della parrocchia viene recepito dai fedeli come il fallimento di tutta la Chiesa[48].

La parrocchia è, e deve rimanere, il polmone della Chiesa, il luogo dove la gente comune, respirando la fede, diviene comunità cristiana. *Il futuro della Chiesa italiana, ma non solo, ha bisogno della parrocchia, luogo che genera la fede nel quotidiano della vita della gente*[49].

Forse questo non avviene ancora perché il problema consiste nel fatto che si insiste sull'urgente necessità di restituire alle parrocchie la funzione primaria di comunicare il Vangelo in un mondo che cambia, ma in nessun documento si evince in maniera chiara in che modo sia cambiato e con quali reali forze e strumenti si debba affrontare il cambiamento.

Si ha la sensazione di essere ancora lontani da un'effettiva presa di coscienza della realtà pastorale che consenta di ridefinire in maniera concreta il ruolo missionario della parrocchia. Oggi si pensa che moltiplicare le attività di una parrocchia significhi *tout court* creare le premesse per una vita di comunità. Sono d'accordo con quanti sostengono che la crisi della parrocchia non si risolva con ritocchi o aggiustamenti, *né si può spazzare via il passato di essa con un approccio pastorale moderno, trasformando la parrocchia in qualcosa d'altro, in una struttura sociale che, se in taluni casi supplisce l'assenza delle istituzioni, non è in grado di annunciare Cristo e testimoniare la salvezza che la Chiesa, popolo di Dio, promulga nei secoli*[50].

1. Pastorale del XX secolo

Credo che sia utile, a questo punto, dare uno sguardo alla pastorale del XX secolo che è stato un secolo di grandi mutamenti travolgendo la Chiesa in un ansia di annunciare il Vangelo in un mondo che cambia.

Sappiamo bene che la Bella Notizia non è per un concetto astratto di uomo irrigidito o ingabbiato in schemi ideologici e in anonime statistiche. La storia della Chiesa è caratterizzata dallo sforzo perenne e costante, nonostante gli errori e le pagine buie, di mediare la verità eterna e immutabile nel continuo evolversi del mondo.

Questo concetto viene confermato anche dal Magistero di Papa Francesco nel discorso fatto ai rappresentanti del V Convegno Nazionale della Chiesa Italiana a Firenze: "la differenza fra la trascendenza cristiana e qualunque forma di spiritualismo gnostico sta nel mistero dell'incarnazione. Non mettere in pratica, non condurre la

[48] G. Matino, *La parrocchia: una fontana senza più acqua?*, EDB, Bologna 2004, pag. 7.
[49] Cf. R. Corti, *Relazione alla 52° Assemblea generale della CEI*, 17-20 novembre 2003.
[50] G. Matino, *La parrocchia: una fontana senza più acqua?*, pag.11.

Parola alla realtà, significa costruire sulla sabbia, rimanere nella pura idea e degenerare in intimismi che non danno frutto, che rendono sterile il suo dinamismo"[51].

Il cambiamento più significativo si è avuto nel passaggio dal Concilio Vaticano I al Concilio Vaticano II. Era ovvio questo cambiamento perché c'era l'incalzare di avvenimenti politici e socio-culturali che segnarono l'Italia e l'Europa. Questi eventi ebbero delle ripercussioni sul ruolo della Chiesa e sull'annuncio della Parola di Dio. Gli eventi indussero Papa Pio IX, con il *Sillabo* e il dogma dell'*infallibilità* del papa, a rafforzare l'autorità del pontefice e la centralità di Roma[52], delineando un volto di Chiesa-istituzione, arroccata su posizioni ormai superate nella storia e lontana dal mondo.

All'opposto, nel discorso inaugurale del Concilio Vaticano II, Papa Giovanni XXIII, pone l'accento sull'aprire le porte e finestre della Chiesa per respirare l'aria del mondo. «Quanto al tempo presente, la Sposa di Cristo preferisce usare la medicina della misericordia invece di imbracciare le armi del rigore; pensa che si debba andare incontro alle necessità odierne, esponendo più chiaramente il valore del suo insegnamento piuttosto che condannando... Così stando le cose, la Chiesa Cattolica, mentre con questo Concilio Ecumenico innalza la fiaccola della verità cattolica, vuole mostrarsi madre amorevolissima di tutti, benigna, paziente, mossa da misericordia e da bontà verso i figli da lei separati».[53]

Il Concilio Vaticano II promuoveva un vero e proprio rinnovamento dottrinale e pastorale della Chiesa. Certamente questo rinnovamento parte da un risveglio avuto già nella fase di transito tra la Chiesa post-tridentina e la Chiesa conciliare. Si pensi all'attenzione posta alla crescita del laicato (un esempio è l'Azione Cattolica[54]) e alla partecipazione dei cristiani alla vita politica, che furono dovute non solo a una mutua coscienza di fronte ai problemi sociali ma anche allo sviluppo della ecclesiologia, il quale dimostra come di fatto nella vita della Chiesa storia vi sia sempre una complementarietà di teologia e prassi.

Si può affermare che la pastorale del Novecento è espressione di una teologia del mutamento proprio perché dal Vaticano I al Vaticano II è stata condotta su linee teologiche progressive che diedero vita nel tempo a una diversa concezione dell'agire pastorale. *Durante le fasi del transito si rivela nettamente una forte diversità fra due*

---

[51] FRANCESCO, Discorso, *Incontro con i rappresentanti del V convegno nazionale della Chiesa Italiana*, 10 novembre 2015.

[52] Cf. K. BIHLMEYER – H. TUCHLE, *Storia della Chiesa. Vol. 4: l'epoca moderna*, Morcelliana, Brescia 2009[15], 957.

[53] GIOVANNI XXIII, discorso del santo padre, *Solenne apertura del Concilio Ecumenico Vaticano II*, 11 Ottobre 1962, in AAS 54 (1962), 796.

[54] "Sentiamo l'esigenza di proporre il valore di una vita cristiana incarnata, legata a tutte quelle esperienze che costituiscono il tessuto naturale di un cammino cristiano: la famiglia, il lavoro, le relazioni interpersonali e sociali. Laicità è tener insieme santità e secolarità, essere di Dio ed essere per il mondo". *Perché sia formato Cristo in voi*, progetto formativo Aziona Cattolica Italiana, Ed. AVE, Roma 2004, pp. 13-14.

momenti spirituali. In un primo momento la pastorale insiste sui valori interiori, individuali, emergenti dalla coscienza, dalla carità e dalla pietà singola. Successivamente, sotto l'urgere della civiltà industriale, anche la pastorale si orienta verso la testimonianza sociale, una pietà comunitaria, una carità della giustizia, una presenza entro le strutture del mondo contemporaneo valutando non solo l'ultimo giorno dell'uomo, ma i penultimi giorni degli uomini viventi nelle strutture sociali.[55]

Tuttavia, per acquisire una nuova dottrina della Chiesa contemporanea e una rinnovata e mutata coscienza pastorale, bisogna aspettare la costituzione dogmatica del Concilio Vaticano II, *Lumen Gentium*. In tale costituzione è presente il recupero di una *ecclesiologia di comunione* e del concetto di *popolo di Dio*. In termini pastorali ciò permetteva il superamento di un'impostazione che riduceva l'ambito della pastorale alla sola figura del pastore, al suo dover essere e alle sue mansioni. Midali precisa questa visione: «si è abbandonata la connessa comprensione dell'azione pastorale come rapporto tra soggetto protagonista e superiore e oggetto destinatario e suddito, come pure la collegata distinzione tricotomica del ministro ordinato, rivelatosi incapace di cogliere la complessa e mutevole problematica posta all'azione pastorale dal divenire storico della chiesa e della società».[56]

La riforma operata dal Concilio portava la Chiesa a porre l'accento sulla cura pastorale intesa come formazione comunitaria di gregge, debellava così la visione verticistica; affidando ai vescovi la funzione di governo facendo la distinzione tra *carismi e ministeri*.

Il passaggio da una mentalità prevalentemente giuridica e amministrativa ad una concezione comunitaria della Chiesa fece sì che la partecipazione attiva e corresponsabile di tutto il popolo di Dio all'auto edificazione della Chiesa costituisse per il Concilio lo scopo principale della prassi pastorale.

«Come Cristo, infatti, è stato inviato dal Padre ad annunciare la buona novella ai poveri, a guarire quelli che hanno il cuore contrito (cf. Lc 4,18), a cercare e salvare ciò che era perduto (cf. Lc 19,10), così pure la Chiesa circonda di affettuosa cura quanti sono afflitti dall'umana debolezza, anzi riconosce nei poveri e nei sofferenti l'immagine del suo fondatore, povero e sofferente, si fa premura di sollevare la indigenza e in loro cerca di servire Cristo».[57]

---

[55] C. BELLÒ, «Fra ottocento e novecento», in *Enciclopedia di Pastorale,* a cura di B. SEVESO – L. PACOMIO, Piemme, Casale Monferrato (AL) 1992, I, 123.
[56] M. MIDALI, *Teologia pastorale o pratica. Cammino storico di una riflessione fondante e scientifica,* LAS, Roma [2]1991, p. 559.
[57] CONCILIO VATICANO II, Costituzione Dogmatica *Lumen Gentium*, n. 8.

2. La Chiesa nascente dal Vaticano II

La Chiesa che nasceva dal Vaticano II strutturava se stessa intorno a tre momenti:

1. *Comunione* (Koinonia)
2. *Servizio* (diaconia)
3. *Missione* (missio)

Tre momenti dialettici che avrebbero reso viva e operante la Chiesa universale laddove essa fosse stata capace di incarnare il piano della salvezza nelle Chiese locali, e quindi nelle singole comunità parrocchiali, unico luogo reale, storico e teologico dove Cristo è presente nella Parola, nei sacramenti, nella carità, nella preghiera personale e comunitaria, nella liturgia, lì dove il Signore chiama il suo popolo alla sua autentica vocazione: manifestare la gloria di Dio nell'uomo vivente[58].

Papa Giovanni nell'allocuzione "Gaudet mater ecclesia" in apertura del concilio aveva indicato come preoccupazione conciliare che "la luce della verità fosse presentata in modo accessibile a tutti gli uomini", la costituzione cerca di assumere questa indicazione in primo luogo "imparando dalla storia, maestra di vita", quindi ascoltando le ansie degli uomini e cercando il dialogo con il mondo. Ecco dunque uno stile e un'urgenza: il dialogo. Per questo la Chiesa "si rivolge non più ai soli figli della chiesa e a tutti coloro che invocano il nome di Cristo, ma a tutti gli uomini indistintamente" (GS 2), in modo nuovo e coraggioso, "per offrire all'umanità la cooperazione sincera della chiesa, al fine di conseguire la fraternità universale" (GS 3).

Proprio in questo guardare al mondo e parlare al mondo si è verificato uno dei mutamenti più significativi. Cerca l'uomo dove egli è, e nell'umanizzazione di cui la storia ci dà testimonianza cerca quelle tracce che Dio ha mostrato in modo definitivo in Cristo, l'uomo per eccellenza, il vero Adamo, il Figlio di Dio in cui tutto è stato fatto e nel quale tutto deve essere reintestato (cf. Col 1,15-17). Si mette così fine al triste capitolo della storia della chiesa che va dal XVI secolo in poi, quando la chiesa si era impegnata, di fronte a un mondo che reclamava una legittima autonomia per la scienza, la cultura, la politica, ad accendere conflitti, a essere intransigente e severa per custodire la verità e il suo rivestimento culturale, per definire il deposito della fede, le sue espressioni e il modo in cui è annunciato, senza operare un doveroso discernimento.

Paolo VI nella scia del concilio scriverà: La chiesa deve venire a dialogo con il mondo in cui si trova a vivere. La chiesa si fa parola; la chiesa si fa messaggio; la chiesa si fa conversazione … Ancor prima di convertire il mondo, bisogna accostarlo

[58] G. Matino, *La parrocchia: una fontana senza più acqua?*, p. 20.

e parlargli ... Il dialogo .... deve ricominciare ogni giorno; e da noi prima che da coloro ai quali è rivolto.[59] Ma già prima, da Betlemme il 6 gennaio 1964 aveva gridato: Noi guardiamo al mondo con immensa simpatia. E se anche il mondo si sentisse estraneo al cristianesimo e non guardasse a noi, noi continueremmo ad amarlo perché il cristianesimo non potrà sentirsi estraneo al mondo.

Dialogo perché la chiesa non ha paura degli uomini e del mondo, sapendo che Dio ha giudicato l'opera della creazione "bella e buona" (cf. Gen 1,4.10.12.18.21.25.31) e "vuole che tutti gli uomini siano salvati" (1Tm 2,4). La chiesa dialoga con il mondo perché la sua fede in Cristo, télos, fine dell'umanità, le chiede di guardare all'uomo anche nella realtà della sua finitezza e del suo peccato come a una creatura che è sempre immagine di Dio nel mondo (cf. Gen 1,26-27), una creatura sempre chiamata a diventare, nel Figlio, il Figlio di Dio. Tutto ciò che è veramente umano è cristiano e tutto ciò che è autenticamente cristiano è umanissimo.

2. 1. Un mistero di Comunione

Il concetto di *comunione* (*koinonía*), già messo in luce nei testi del Concilio Vaticano II[60], è molto adeguato per esprimere il nucleo profondo del Mistero della Chiesa e può essere una chiave di lettura per una rinnovata ecclesiologia cattolica.[61] L'approfondimento della realtà della Chiesa come Comunione è, infatti, un compito particolarmente importante, che offre ampio spazio alla riflessione teologica sul mistero della Chiesa, *«la cui natura è tale da ammettere sempre nuove e più profonde esplorazioni»*.[62] Tuttavia, alcune visioni ecclesiologiche palesano un'insufficiente comprensione della Chiesa in quanto *mistero di comunione*, specialmente per la mancanza di un'adeguata integrazione del concetto di *comunione* con quelli di *Popolo di Dio* e di *Corpo di Cristo*, e anche per un insufficiente rilievo accordato al rapporto tra la Chiesa come *comunione* e la Chiesa come *sacramento*.

Non solo la messa in pratica della *Lumen Gentium*, ma anche le interpretazioni teoriche del testo non sono state affatto univoche nei trent'anni che ci separano dalla sua redazione. Per questo, non c'è dubbio che uno dei contributi più importanti forniti dalla Costituzione conciliare *Lumen Gentium*, nel quadro della comprensione della realtà ecclesiale, l'insistenza relativa al suo carattere di *mistero*, e mistero di salvezza.

[59] Paolo VI, lettera enciclica *Ecclesiam suam*, 6.8.1964: *EV 2/173, nn.* 67.70.79.
[60] Cf. Concilio Vaticano II, Costituzione dogmatica *Lumen gentium*, nn. 4, 8, 13-15, 18, 21, 24-25; Concilio Vaticano II, Costituzione dogmatica *Dei Verbum*, n. 10; Concilio Vaticano II, Costituzione pastorale *Gaudium et spes*, n. 32; Concilio Vaticano II, Decreto sull'Ecumenismo *Unitatis redintegratio*, nn. 2-4, 14-15, 17-19, 22.
[61] Cf. Sinodo dei Vescovi, *II Assemblea straordinaria (1985), Relatio finalis*, II, C), 1.
[62] Paolo VI, *Discorso di apertura del secondo periodo del Concilio Vaticano II*, 29 Settembre 1963: *AAS* 55 (1963) 848. Cf., ad esempio, le prospettive di approfondimento indicate dalla Commissione Teologica Internazionale, in « Themata selecta de ecclesiologia »: *Documenta (1969-1985)*, Lib. Ed. Vaticana 1988, pp. 462-559.

La chiave di lettura per la comprensione di ciò che è la Chiesa, consiste quindi nel guardare ad essa secondo l'ottica *storico-salvifica*, che è la stessa della Scrittura e che la fa apparire come suscitata, per iniziativa del Padre attraverso lo Spirito Santo, dall'opera rivelatrice e redentrice del Figlio incarnato, morto e resuscitato - e che la presenta dunque essenzialmente come un "mistero di *comunione*".

È tanto più importante, allora, restituire il primato a questo modo di guardare alla Chiesa, in quanto permette di risvegliare l'attenzione dei cristiani perlomeno in tre campi, dei quali questo fine secolo non può che sottolineare l'importanza decisiva.

Prima di tutto, dopo tutti gli sforzi profusi sia "dall'alto" che "dal basso" per trasformare e migliorare la Chiesa, è opportuno ribadire che *solo Dio* può essere il "garante" della Chiesa, il Cristo, suo fondamento, e lo Spirito, suo cemento. I numerosi organi creati a seguito del Concilio (si pensi per esempio, a Roma, alle tante Commissioni e Segretariati) come pure le numerose iniziative prese attraverso la Chiesa, tanto dal punto di vista organizzativo, quanto nel movimento carismatico, hanno certamente favorito la vitalità e l'espansione del Corpo di Cristo; ma, talvolta, sono andate troppo oltre, o hanno marcato il passo, o hanno deluso. Che si tratti, oggi, di recuperare lo slancio originario o di riaggiustare la traiettoria, in ogni caso potrà essere fatto come si deve solo se non si perde di vista quella verità prima, ricordata con insistenza nella *Lumen Gentium*: se non è il Signore ad edificare la casa, i muratori lavorano invano; se non è il Signore a proteggere la città, la sentinella vigila invano.

Il secondo auspicato risveglio potrebbe essere legato ad una nuova presa di coscienza del carattere fondamentalmente di comunione della Chiesa: c'è un livello o un aspetto per il quale tutti i suoi membri sono fondamentalmente *uguali*. Essi possono essere *veramente* uniti, proprio perché sono dello stesso rango, hanno la stessa dignità, partecipano allo stesso e unico privilegio di essere figli dello stesso Padre, fratelli dello stesso Signore, templi dello stesso Spirito - e di conseguenza, uniti all'insegna della stessa vocazione fondamentale nell'oggi e della stessa speranza vivente per sempre.

I cristiani non devono perdere di vista che solo la loro dignità *di cristiani* li autorizza a far valere all'interno della Chiesa il loro "ruolo" - che può essere grande, come si ricorderà in seguito -, e non certo un qualsiasi spirito di rivendicazione secolare. Ma allo stesso tempo, nessun potere, carica o responsabilità avranno un senso ecclesiale, se non nella misura in cui chi li detiene li eserciti in nome ed assieme a coloro per i quali vengono esercitati, secondo la celebre formula di Agostino *"vobis sum episcopus, vobiscum christianus"*.

Infine, la riattivazione nella Chiesa del suo fondamentale carattere di comunione, lungi dal rendere superfluo l'aspetto istituzionale, non può che situare meglio la necessità di sottolineare di più le condizioni effettive di ecclesialità. La

Chiesa, proprio perché è mistero di comunione reale in Cristo, deve avere i mezzi per *realizzarsi* come tale. Acquisire una più giusta coscienza di questo aspetto è il modo migliore di percepire chiaramente l'importanza dei sacramenti e, di conseguenza, la necessità di un'organizzazione gerarchica all'interno del Corpo del Signore. Ma è anche il miglior punto di riferimento per controllare come si deve ogni tentazione di slittamento organizzazionale, di sclerosi amministrativa e di mentalità burocratica.

2. 2. SERVIZIO

Con il Concilio Vaticano II propone una forte rivoluzione anche nell'idea di gerarchie, che veniva collocata nel suo giusto posto di servizio, riassumendo il significato normale di ministerialità, cioè non di privilegio e di onore, ma di *diaconia*. Ne deriva evidentemente un suo ridimensionamento e il suo riposizionamento a servizio autorevole della chiesa.

Finalmente i laici hanno trovato posto nella chiesa come persone attive e responsabili e con essi anche i religiosi, nella loro specificità di carisma profetico. Singolarmente non vengono intesi come realtà costitutiva, ma carismatica della chiesa, con la chiara intenzione di mettere in luce che il carisma profetico non è dato a priori, ma esprime in modo originale la libertà dell'azione dello Spirito di Dio.

Sembra però che questo cambiamento così importante non abbia avuto molta fortuna, perché predomina ancora un'esteriorità barocca, che non contribuisce all'autentica immagine della chiesa. Tuttavia, ciò che il concilio ha indicato resta come riferimento per ogni autentico rinnovamento, nonostante ritorni ad un passato non rivitalizzabile.

Con il Concilio Vaticano II si è ripreso coscienza che la Chiesa non può fare a meno dell'immensa ricchezza di grazia diffusa capillarmente nel corpo della Chiesa, in tutti i suoi membri, e che si manifesta nei doni, o carismi, di ognuno.

Ecco cosa ha scritto, in proposito, il Concilio in un testo giustamente famoso: "Lo Spirito Santo non solo per mezzo dei sacramenti e dei ministeri santifica il Popolo di Dio e lo guida e adorna di virtù, ma "distribuendo a ciascuno i propri doni come Piace a Lui" (cfr. 1 Cor 12,11), dispensa pure tra i fedeli di ogni ordine grazie speciali, con le quali li rende adatti e pronti ad assumersi varie opere ed uffici utili al rinnovamento e alla maggiore espansione della Chiesa, secondo quelle parole: 'A ciascuno... la manifestazione dello Spirito è data perché torni a comune vantaggio" (cfr. 1 Cor 12,7). E questi carismi straordinari o anche più semplici e più comuni, siccome sono soprattutto adatti e utili alle necessità della Chiesa, si devono accogliere con gratitudine e consolazione".[63] Ripristinato il duplice movimento dello Spirito; di esso infatti si dice che agisce "non solo attraverso i sacramenti", cioè dall'alto, ma anche dal basso, attraverso quella fitta rete di grazie che sono i carismi di tutti i

---

[63] CONCILIO VATICANO II, Costituzione Dogmatica *Lumen Gentium*, n. 12.

battezzati. Nell'uno e nell'altro caso si tratta, inoltre, di un'azione destinata a "santificare" il popolo di Dio, cioè a qualcosa di essenziale e di costitutivo della Chiesa, e non semplicemente a un suo abbellimento o arricchimento accidentale.

Dal Concilio risulta chiaro qual è lo scopo dei carismi: essi sono destinati a rendere i fedeli "adatti e pronti" ad assumersi delle responsabilità in ordine al rinnovamento interiore e all'espansione esterna della Chiesa. In ciò il Concilio non fa che riproporre il più puro insegnamento del Nuovo Testamento sui carismi. S. Paolo scrive che è Dio che *"ha stabilito alcuni conte apostoli, altri come profeti, altri come evangelisti, altri come pastori e maestri, per rendere idonei i fratelli a compiere il ministero* (cioè il servizio), *alfine di edificare il corpo di Cristo"* (Ef 4,11). S. Pietro, da parte sua, raccomanda: *"Ciascuno viva secondo la grazia* (charisma) *ricevuta, mettendola a servizio* (diakonìa) *degli altri" (1* Pt4,10).

Lo scopo dei carismi è, dunque, la diakonía, il servizio, il ministero. Quest'ultimo termine, ministero, è il più usato nelle nostre traduzioni della Bibbia; tuttavia, è diventato, nel nostro linguaggio corrente, talmente vago e ambiguo che ha bisogno di essere ben compreso, per non essere frainteso (esistono anche i "ministeri" politici e governativi, che non sono sempre organismi di servizio, o almeno non sono avvertiti dalla gente come tali). Quello che la parola ministero significa nel Nuovo Testamento è semplicemente servizio (da ministrare, che significa servire). Lo scopo dei carismi non è dunque quello di dare lustro, prestigio o fama di santità a chi li riceve; non è quello di dargli delle sicurezze o dei poteri sugli altri.

Ciò che ognuno riceve in dono dallo Spirito Santo, è la Chiesa che lo riceve. (cfr. S. Agostino, De Trinitate, XV, 19,34).

2. 3. Missione

Il Vaticano II è stato il primo concilio della chiesa cattolica a parlare di missione, anche se in un testo minore come il Decreto sull'attività missionaria Ad gentes, del 1965. La Chiesa è per natura missionaria,[64] chiamata ad una missione senza limiti del tempo e fino agli estremi confini del mondo. Senza dubbio il Decreto *Ad gentes* ha dato una forte fondazione teologica di impronta essenzialmente missionaria alla missione evangelizzatrice e auto-coscienza ecclesiale. In parole semplici, ciò significa che tutti i fedeli sono chiamati a dare il loro contributo alla missionarietà della Chiesa cattolica.

Anche questo aspetto, come i precedenti, non ha avuto tanta fortuna, molti tendono ancora ha rinchiudersi nelle *quattro mura delle sacrestie,* tappando le ali a ciò che è davvero missione. Papa Francesco, fin dall'inizio del suo ministero petrino ha ripreso con forza questo aspetto spingendo tutti a costituire *una Chiesa in uscita, missionaria.*

---

[64] CONCILIO VATICANO II, Decreto sull'attività missionaria della chiesa *Ad gentes*, n. 2.

«Nella Parola di Dio appare costantemente questo dinamismo di "uscita" che Dio vuole provocare nei credenti. Oggi, in questo "andate" di Gesù, sono presenti gli scenari e le sfide sempre nuovi della missione evangelizzatrice della Chiesa, e tutti siamo chiamati a questa nuova "uscita" missionaria. Ogni cristiano e ogni comunità discernerà quale sia il cammino che il Signore chiede, però tutti siamo invitati ad accettare questa chiamata: uscire dalla propria comodità e avere il coraggio di raggiungere tutte le periferie che hanno bisogno della luce del Vangelo.

La gioia del Vangelo che riempie la vita della comunità dei discepoli è una gioia missionaria».[65]

Papa Francesco, inoltre, nell'Esortazione apostolica sull'annuncio del Vangelo nel mondo attuale, *Evangelii Gaudium* azzarda addirittura una radicale scelta missionaria capace di trasformare tutto,[66] di vivere un vero e coerente rinnovamento ecclesiale.

C'è una via italiana del rinnovamento missionario. Essa è stata indicata con lucidità dai vescovi italiani nel documento più pregevole prodotto dalla CEI negli ultimi anni, documento ancora tutto da attuare e che ha anticipato su diversi punti la prospettiva di Papa Francesco: «Non si può più dare per scontato che si sappia chi è Gesù Cristo, che si conosca il vangelo, che si abbia una qualche esperienza di Chiesa. Vale per i fanciulli, ragazzi, giovani ed adulti; vale per la nostra gente e, ovviamente, per tanti immigrati, provenienti da altre culture e religioni. C'è bisogno di *rinnovato primo annuncio* della fede... Di primo annuncio vanno innervate tutte le azioni pastorali».[67]

L'espressione *di primo annuncio vanno innervate tutte le azioni pastorali* è illuminante e segnala un processo sostenibile e saggio per le nostre parrocchie concrete. La parrocchia è invitata a ripensare le sue proposte non dando più per scontata la fede, facendole diventare occasioni di proposta e di iniziazione di fede. C'è bisogno di parrocchie che sanno riscoprire e riproporre il Vangelo a partire dalle periferie della vita della gente e non dal centro delle sue preoccupazioni istituzionali.

---

[65] FRANCESCO, Esort. ap. sull'annuncio del Vangelo nel mondo attuale, *Evangelii Gaudium* (24 novembre 2013), 20-21: AAS 105 (2013), 1028.

[66] «*Sogno una scelta missionaria capace di trasformare ogni cosa, perché le consuetudini, gli stili, gli orari, il linguaggio e ogni struttura ecclesiale diventino un canale adeguato per l'evangelizzazione del mondo attuale, più che per l'autopreservazione. La riforma delle strutture, che esige la conversione pastorale, si può intendere solo in questo senso: fare in modo che esse diventino tutte più missionarie, che la pastorale ordinaria in tutte le sue istanze sia più espansiva e aperta, che ponga gli agenti pastorali in costante atteggiamento di "uscita" e favorisca così la risposta positiva di tutti coloro ai quali Gesù offre la sua amicizia. Come diceva Giovanni Paolo II ai Vescovi dell'Oceania, «ogni rinnovamento nella Chiesa deve avere la missione come suo scopo per non cadere preda di una specie d'introversione ecclesiale*». FRANCESCO, Evangelii Gaudium, 27: AAS 105 (2013), 1031.

[67] CEI, *Il volto missionario delle parrocchie in un mondo che cambia*, EDB, Bologna 2004, n. 6.

3. La sfida della Nuova Evangelizzazione

Sorge spontanea una domanda: quale strada intraprendere per portare a compimento la missione della Chiesa?

La strada da intraprendere è ancora oggi, come ci spinge a fare anche Papa Francesco, è quella indicata dal concilio. Il segreto non consiste nell'elaborare o inventare strategie pastorali rivoluzionarie, né proporre ricette preconfezionate. La vera strada da percorrere è la fedeltà alla *Lumen Gentium,* fondamento teologico e dogmatico per un'autentica rivoluzione pastorale.

Prima di tutto però *bisogna proporre una spiritualità di comunione e fare della Chiesa la casa e la scuola di comunione*[68], per affrontare la grande sfida del mondo contemporaneo e rispondere alle profonde attese dell'uomo.

Per dare risposte concrete a tali interrogativi con dinamismo nuovo e iniziative concrete ed essere capaci di scorgere l'oggi di Dio e le sue attese su di noi, bisogna vivere la fede, la creatività, il coraggio e con rinnovata attenzione a tutti i battezzati puntano al coinvolgimento effettivo dei laici, al dialogo culturale, alla costruzione di veri e propri laboratori della fede per i giovani, al coinvolgimento della famiglia affinché ogni comunità sia coraggiosamente aiutata a maturare una fede adulta, "pensata".

Credo che in tal senso ci venga ancora in aiuto l'*Evangelii Gaudium*, in cui Papa Francesco indica cinque verbi per vivere pienamente il cammino suggerito dal Concilio per realizzare una *Chiesa in uscita*: «La Chiesa "in uscita" è la comunità di discepoli missionari che prendono l'iniziativa, che si coinvolgono, che accompagnano, che fruttificano e festeggiano. "*Primerear* – prendere l'iniziativa": vogliate scusarmi per questo neologismo. La comunità evangelizzatrice sperimenta che il Signore ha preso l'iniziativa, l'ha preceduta nell'amore (cfr 1 Gv 4,10), e per questo essa sa fare il primo passo, sa prendere l'iniziativa senza paura, andare incontro, cercare i lontani e arrivare agli incroci delle strade per invitare gli esclusi. Vive un desiderio inesauribile di offrire misericordia, frutto dell'aver sperimentato l'infinita misericordia del Padre e la sua forza diffusiva. Osiamo un po' di più di prendere l'iniziativa! Come conseguenza, la Chiesa sa "coinvolgersi". Gesù ha lavato i piedi ai suoi discepoli. Il Signore si coinvolge e coinvolge i suoi, mettendosi in ginocchio davanti agli altri per lavarli. Ma subito dopo dice ai discepoli: «Sarete beati se farete questo» (Gv 13,17). La comunità evangelizzatrice si mette mediante opere e gesti nella vita quotidiana degli altri, accorcia le distanze, si abbassa fino all'umiliazione se è necessario, e assume la vita umana, toccando la carne sofferente di Cristo nel popolo. Gli evangelizzatori hanno così "odore di pecore" e queste ascoltano la loro voce. Quindi, la comunità evangelizzatrice si dispone ad

[68] Giovanni Paolo II, lettera apostolica *Novo millennio ineunte,* 6.1.2001, n. 43.

"accompagnare". Accompagna l'umanità in tutti i suoi processi, per quanto duri e prolungati possano essere. Conosce le lunghe attese e la sopportazione apostolica. L'evangelizzazione usa molta pazienza, ed evita di non tenere conto dei limiti. Fedele al dono del Signore, sa anche "fruttificare". La comunità evangelizzatrice è sempre attenta ai frutti, perché il Signore la vuole feconda. Si prende cura del grano e non perde la pace a causa della zizzania. Il seminatore, quando vede spuntare la zizzania in mezzo al grano, non ha reazioni lamentose né allarmiste. Trova il modo per far sì che la Parola si incarni in una situazione concreta e dia frutti di vita nuova, benché apparentemente siano imperfetti o incompiuti. Il discepolo sa offrire la vita intera e giocarla fino al martirio come testimonianza di Gesù Cristo, però il suo sogno non è riempirsi di nemici, ma piuttosto che la Parola venga accolta e manifesti la sua potenza liberatrice e rinnovatrice. Infine, la comunità evangelizzatrice gioiosa sa sempre "festeggiare". Celebra e festeggia ogni piccola vittoria, ogni passo avanti nell'evangelizzazione».[69]

L'annuncio della Chiesa sarà credibile nella misura in cui saprà essere realmente al servizio di tutto l'uomo e di tutti gli uomini. L'opzione preferenziale per i poveri resterà soltanto una scelta ideologica, se non saremo capaci non solo di operare un reale rinnovamento in casa nostra, ma di saper ascoltare la voce delle più lontane Chiese periferiche.

L'ascolto attento alla Storia e alle storie degli uomini, l'audacia e la saggezza della fede, esigono una reale collegialità che a partire dal basso e dalle differenze sappia rispettare le esigenze delle Chiese locali e trovare risposte ai problemi sociali, economici, politici, culturali che quotidianamente tante comunità si trovano ad affrontare.

In caso contrario i poveri, nel senso ampio del termine, resteranno poveri e la pastorale, più che essere espressione di una teologia del mutamento, resterà una disciplina archeologica. Inadeguata a operare la mediazione tra la Storia e la storia, la pastorale sarà incapace di rispondere ai problemi dell'*oggi di Dio*: inculturazione, linguaggio, incarnazione, coerenza evangelica, profezia delle scelte.

«Se la pastorale vuol prendere sul serio la "nuova evangelizzazione" ed impegnarsi lungo i suoi sentieri, deve sapere che questi sentieri sono certamente quelli tracciati dalla Storia, ma sono anche e particolarmente quelli che la storia va aprendo con lo scorrere del tempo».[70] L'*oggi di Dio* si realizza infatti nella Storia fatta di storie diverse, laddove soltanto è possibile manifestare la gloria di Dio nell'uomo vivente.

La parrocchia deve essere testimone sul territorio. È nella pastorale ordinaria di cui la parrocchia è struttura fondamentale, che dovremo trovare le forme perché l'intera comunità scopra il suo essere evangelizzatrice. Da qui parte *la sfida*, per cui

---

[69] FRANCESCO, *Evangelii Gaudium*, 27: AAS 105 (2013), 1029.
[70] L.M. PIGNATIELLO, *Comunicare la fede. Saggi di teologia pastorale,* San Paolo, Cinisello Balsamo (Mi) 1996, pag. 23.

dobbiamo esprimere un progetto che permetta alla comunità parrocchiale di essere testimone sul territorio.

4. Una Chiesa sempre da rinnovare.

La Chiesa ha bisogno sempre di essere purificata, rinnovata nelle sue strutture e adattata alla dialettica storica, affinché possa esprimere sempre con sufficiente chiarezza la presenza e l'azione di Dio. «Ogni volta che una struttura umana cessa di essere trasparente al mistero, tanto che la presenza dello Spirito non risulta più leggibile e manifesta agli uomini, essa va cambiata e rinnovata»[71].

La riforma della Chiesa ha impegnato la pastorale «ad adeguare le forme storiche espressive della fede e della vita ecclesiale, affinché fede e Chiesa rispondano alle mutate e varie situazioni socioculturali dell'umanità».[72]

Come primo elemento la riforma ha riscoperto il ministero del *governo* nella comunità cristiana, evidenziando, lo specifico e la novità apostolica di tale peculiare governo, troppo spesso paragonato a quello dello Stato laico. Risulta chiaro che la Chiesa non può essere paragonata ad una qualsiasi organizzazione sociale.

Nel porre l'accento sulla cura pastorale va sottolineata la necessità e l'importanza della formazione del gregge. È necessario dare al gregge la coscienza di essere comunità. «Dio volle santificare e salvare gli uomini non individualmente e senza alcun legame tra loro, ma volle costituire di loro un popolo, che lo riconoscesse secondo la verità e lo servisse».[73]

Se è vero che siamo stati costituiti da Dio come popolo, come comunità, allora è evidente che la metodologia pastorale debba orientarsi principalmente verso la formazione comunitaria del popolo di Dio, debba cioè insegnare alla moltitudine dei credenti a essere comunità cristiana. Purtroppo, non c'è ancora una vera comprensione di cosa sia in realtà la vita comunitaria e il governo della comunità stessa, di cosa significhi trasformare la struttura giuridica in realtà di comunitaria. Non vi è ancora, nel governo della Chiesa, la concezione che su qualunque altro valore debba dominare quello della comunione, la consapevolezza di ritrovare le proprie diversità individuali unite nel corpo di Cristo. Educare alla comunità e rinnovarla non è così facile. Alla base della resistenza individualistica, ostinata nel far prevalere i propri interessi su quelli della comunità vissuta come qualcosa di estraneo e ostile, vi è sempre una forma, manifesta o velata, di egoismo, nonché una marcata ignoranza non solo della fondamentale legge dell'Amore, ma di ogni metodologia di organizzazione pastorale.

Per questo l'educazione alla comunità non può prescindere da tre concetti fondamentali: *universalità; gradualità; proporzione.*

---

[71] G. Matino, *La parrocchia: una fontana senza più acqua?,* pag. 33.

[72] L. Sartori, *La "Lumen Gentium". Traccia di studio*, Edizioni Messaggero, Padova 1994, p. 7.

[73] Concilio Vaticano II, Costituzione Dogmatica *Lumen Gentium*, n. 9.

4.1. UNIVERSALITÀ

L'universalità costituisce il cuore, la ragione essenziale e la novità del governo della comunità cristiana. Solo mantenendo continuamente viva e presente questa dimensione, la Chiesa difende la sua unità, lo *spiritus ecclesiae*, da fallimenti e deformazioni che possono essere riduttivi.

Solo tenendo, fisso lo sguardo sull'orizzonte dell'universalità, non si perdono di vista tutti i microcosmi locali e al tempo stesso si diviene capaci di superare e integrare ogni giustificato particolarismo alla luce dell'insegnamento di Cristo che ha voluto riunirci nelle diverse realtà della nostra storia per mezzo del suo amore.

Deve emergere per l'uomo di oggi quella funzione *universale* e *unificante* della Chiesa, che sa essere davvero *cattolica,* anche verso questa particolare, crescente categoria di uomini e di donne del nostro tempo. Essi proprio per la loro *dispersione*, ma allo stesso tempo per *la rettitudine e la sete di valori* che li abitano, costituiscono una *risorsa* non valorizzata per il bene comune, della società innanzitutto e per la Chiesa stessa.

4.2. GRADUALITÀ

Ogni forma educativa e di rinnovamento, allo stesso tempo, dovrà essere *graduale*. Deve seguire un cammino fatto di tappe metodologicamente studiate e programmate che permettono una crescita equilibrata e ricca di preziosi frutti.

La parrocchia, come comunità locale, feconda di rapporti interpersonali sia sul terreno concreto delle opere che nell'esercizio delle responsabilità, rappresenta la tappa necessaria da un punto di vista metodologico, verso il graduale sviluppo della comunità universale: solo chi apprende *in famiglia* a comportarsi in un certo modo, potrà riprodurre tale comportamento in seno alla comunità universale. Questo è un punto da non sottovalutare[74].

4.3. PROPORZIONE

La formazione della mentalità comunitaria e della coscienza dell'appartenenza ad essa costituisce un grosso impegno per il quale è necessario che vi sia *proporzione* tra i mezzi e i fini. Troppo spesso e in maniera superficiale è stato affermato che non esiste un problema strutturale di governo della Chiesa e di mezzi idonei alla creazione della comunità cristiana, bensì soltanto una questione di vitalità. Ma è innegabile che

---

[74] Cf. G. MATINO, *La parrocchia: una fontana senza più acqua?*, p. 37.

il problema della vitalità sia direttamente legato al problema delle strutture e del loro reale funzionamento: la formazione della coscienza e della mentalità comunitaria non si risolve con le parole, ma con l'acquisizione di una tecnica precisa e con l'impegno proporzionato e concreto di mezzi. Bisogna esaminare la proporzione dei mezzi organizzativi affinché la parola di Dio e i sacramenti siano posti alla portata di tutti i membri della comunità, affinché possano beneficiare pienamente all'educazione comunitaria.

Non possiamo parlare di comunità in presenza di persone che si riuniscono formalmente senza una vera motivazione, per recitare distrattamente un copione predefinito. Vi è comunità solo quando vi sono degli uomini nella loro totalità che desiderano incontrarsi per incontrare Cristo, interrogandosi e aiutandosi a vicenda.[75]
Si può parlare di vera e propria programmazione pastorale solo adattando completamente le norme conciliari, sia nella parrocchia che nella diocesi, alla multiforme articolazione del governo della Chiesa locale che, in base a criteri teologici e canonici, provvedano a suggerire modalità e strumenti adatti alla partecipazione attiva e alla corresponsabilità.

Da questo possiamo dedurre che senza un continuo rinnovamento delle strutture pastorali la parrocchia è destinata a non essere più la *fontana del villaggio*. Non c'è bisogno di ricercare una nuova Chiesa, ma di una Chiesa nuova che sappia leggere i segni dei tempi, che sappia calarsi nelle diverse situazioni storiche, che sappia colmare lo scarto tra fede e vita. Una Chiesa che sappia vivere la *normalità* dell'umanità. Una Chiesa che non imprigioni Dio in un luogo sacro, ma che rende sacro ogni luogo, ogni tempo, il nostro tempo. Non esiste un momento per credere e uno per vivere, da quando il Verbo si è fatto carne, Dio stesso ha costruito il suo tempio in mezzo agli uomini.

Un ulteriore problema, forse il vero problema, è quello del *linguaggio*, inteso nel senso più ampio del termine. Probabilmente il nostro linguaggio è condizionato più dalla sofferenza che dalla speranza, mentre per operare una reale conversione è necessario che la Chiesa ritrovi il tempo della gioia. Troppo spesso preoccupata di organizzarsi come struttura, essa ha dimenticato di annunciare il mistero, quasi lasciando in ombra il fulcro della nostra fede: la risurrezione di Gesù Cristo e con essa la speranza che nasce dalla certezza dell'eternità. Ha dimenticato molto spesso che la sete degli uomini è sete di speranza, di gioia, di ascoltare che c'è un Dio fedele pronto a salvarli nella sofferenza e nel dolore.

Sta di fatto, purtroppo, che la fede è vissuta ancora come soluzione magica a ogni problema; la gente va a messa per lucrare una grazia o un'indulgenza, per rispettare un precetto, per assicurarsi il paradiso nell'altra vita.

Questo è vero che richiede programmare progetti pastorali più ambiziosi e più rispondenti alla realtà territoriale. Anche se è necessario creare centri di ascolto e di

---

[75] Cf. G. MATINO, *La parrocchia: una fontana senza più acqua?*, p. 38.

accoglienza, attività che coinvolgano i giovani o attivare la Caritas, si resterà sempre nell'ambito d'interventi isolati più o meno riusciti, incapaci di mantenere la parrocchia come fontana del villaggio, se al di là dei singoli progetti non attuiamo una coraggiosa conversione pastorale, un modo nuovo di essere, di agire, di parlare. Dobbiamo diventare un *popolo*, che «è qualcosa di più, e richiede un costante processo nel quale ogni nuova generazione si vede coinvolta. È un lavoro lento e arduo che esige di volersi integrare e di imparare a farlo, fino a sviluppare una cultura dell'incontro in una pluriforme armonia».[76]

---

[76] FRANCESCO, *Evangelii Gaudium*, 220: AAS 105 (2013), 1110.

Capitolo III

Il concetto di parrocchia nel nuovo Codice di diritto canonico

Il tema della parrocchia è trattato dal Codice ai cc. 515-552, sotto il titolo «*De paroeciis, de parochis et de vicariis paroecialibus*»[77].

1. Alcuni testi

«La parrocchia è una determinata comunità di fedeli che viene costituita stabilmente nell'ambito di una Chiesa particolare, e la cui cura pastorale è affidata, sotto l'autorità del Vescovo diocesano, ad un parroco quale suo proprio pastore» (c. 515, par. 1).

«Come regola generale, la parrocchia sia territoriale, tale cioè che comprenda tutti i fedeli di un determinato territorio; dove però risulti opportuno, vengano costituite parrocchie personali, sulla base del rito, della lingua, della nazionalità dei fedeli appartenenti ad un certo territorio, oppure anche sulla base di altre precise motivazioni» (c. 518).

«Il parroco è il pastore proprio della parrocchia affidatagli, esercitando la cura pastorale di quella comunità sotto l'autorità del Vescovo diocesano, con il quale è chiamato a partecipare al ministero di Cristo, per compiere al servizio della comunità le funzioni di insegnare, santificare e governare, anche con la collaborazione di altri presbiteri o di diaconi e con l'apporto dei fedeli laici, a norma del diritto» (c. 519).

2. Gli elementi del concetto secondo i testi sopra citati

Ci pare che, dai tre testi sopra riportati, provenga, tutto sommato, il seguente concetto di parrocchia: «Comunità di fedeli, individuata per regola generale mediante un territorio, nella Chiesa particolare, stabilmente costituita, avente un parroco, il quale agisce in qualità di pastore, sotto l'autorità del Vescovo diocesano e con la cooperazione di altri presbiteri o dei diaconi e di fedeli laici».

[77] Cf. *Il concetto di parrocchia nel Vaticano II*, in La Scuola Cattolica 106 (1978) 123-142; *Quaedam de conceptu paroeciae iuxta doctrinam Vaticani II*, in Periodica de re morali, canonica, liturgica 70 (1981) 119-140; *Il significato del termine «parrocchia» nella canonistica susseguente al Codice del 1917*, in La Scuola Cattolica 109 (1981) 210-235; 497-531; *De paroeciae personalitate iuridica a Codice 1917 usque ad Codicem 1983*, in Periodica de re morali, canonica, liturgica 74 (1985) 325-388; *Il concetto di parrocchia*, in AA.VV., La parrocchia, Bologna (Dehoniane), 1987, 29-82.

2.1. «Comunità di fedeli»

Il termine «comunità» («communitas») è frutto di una scelta. Nello Schema 1977 c'era il termine «porzione» («portio»), che era stato, a propria volta, mutuato dalla definizione di diocesi, che ora si trova nel c. 369 e proviene dal Vaticano II (Christus Dominus 11). I codificatori hanno modificato «porzione» in «comunità» per il motivo che «la parola 'portio' esprime più un fatto fisico statico che una dinamica interazione tra più persone unite sotto lo stesso Pastore» e «l'aspetto comunitario si avverte più nell'ambito della parrocchia» che non in quello della diocesi[78].

Mediante la definizione di «comunità di fedeli» il nuovo Codice chiude definitivamente l'annosa contrapposizione dottrinale relativamente al concetto di parrocchia suscitata dal c. 216 del precedente Codice: la parrocchia infatti veniva considerata o come territorio puro o come territorio attrezzato con chiesa, fedeli e pastore o come ufficio del parroco, o, infine, ma solo da una parte della dottrina, come comunità di fedeli[79].

2.2. «Individuata per regola generale mediante un territorio»

La comunità di fedeli viene individuata mediante un territorio, nel senso che i fedeli appartenenti a un territorio (che deve venire puntualmente definito nella costituzione della parrocchia) appartengono alla comunità, cioè formano la comunità parrocchiale. Appartenere a un territorio significa avere il domicilio o il quasi domicilio, a norma dei cc. 102-107.
Il territorio, pertanto, è un elemento che non entra nell'essenza della parrocchia, ma è soltanto uno strumento per individuare una determinata comunità.

A nessuno sfuggano i pregi di tale individuazione della comunità. Infatti l'appartenere alla comunità per la sola appartenenza al territorio e non sulla base di qualità personali (giovani o anziani, istruiti o ignoranti, buoni o cattivi, di questa tendenza o di quest'altra) evita il pericolo del cosiddetto «elitarismo». E con ciò, da una parte, si afferma che tutti sono uguali di fronte alla Chiesa e, dall'altra, si stimolano i fedeli all'impegno del superamento delle reciproche differenze[80].

La norma generale sopra indicata non impedisce che il Vescovo possa costituire anche parrocchie «personali» alle quali i fedeli appartengono per altri criteri, diversi dalla sola appartenenza al territorio, per esempio a motivo dello stesso rito o della stessa lingua o della stessa nazionalità (c. 518).

2.3. «Nella Chiesa particolare»

Ciò significa che parrocchia è parte di una comunità più ampia, cioè, precisamente, della Chiesa particolare. Il che risulta peculiarmente chiaro nel processo genetico della

---

[78] Communicationes 13 (1981) 147.

[79] Cf. *Il significato del termine parrocchia*, cit., 210-235; 497-531. Cf. *Principi per la revisione del Codice di Diritto Canonico (n. 8)*, in Communicationes 1 (1969) 84; 8 (1976) 23.

[80] «La parrocchia offre un esempio cospicuo di apostolato comunitario, fondendo insieme tutte le differenze umane che vi si trovano». (*Apostolicam actuositatem 10,2*).

parrocchia: questa, infatti, nasce per divisione della diocesi in molteplici comunità e in ciò appare, quindi, parte della più ampia comunità diocesana[81].

Tutto ciò risulta sintetizzato, con particolare vivezza, dall'immagine della parrocchia quale «cellula» della Chiesa particolare (*Apostolicam Actuositatem* 10,3).

Per tali motivi, possiamo comprendere come la parrocchia non possa assolutamente essere concepita come comunità autonoma dalla diocesi e debba invece essere considerata dipendente da essa. D'altra parte, la parrocchia contribuisce alla vita della diocesi, come la cellula al bene del corpo.

2.4. «Stabilmente costituita»

«Stabilmente» significa che la parrocchia è costituita a tempo indeterminato. «Costituita» significa che la costituzione della parrocchia avviene con atto, cioè con decreto, del Vescovo diocesano, sentito il parere del consiglio presbiterale (c. 515, par. 2). La stessa procedura è richiesta per una notevole modifica (ad esempio nei confini) e per la soppressione.

2.5. «Avente un parroco, il quale agisce in qualità di pastore»

Innanzitutto il parroco deve essere un sacerdote (cf c. 521, par. 1).

La presenza del sacerdote in qualità di pastore risulta essenziale all'essere della comunità: il Vaticano II richiede, infatti, nel concetto di comunità ecclesiale, sia essa diocesana (cf. Lumen Gentium 26,l; Christus dominus 11,1; Ad Gentes 27,1) sia essa parrocchiale (cf. Sacrosanctum Concilium 41-42; Lumen Gentium 26,1; 28,2; Christus Dominus 30,1; Apostolicam Actuositatem 10,2; Ad Gentes 27,l; Presbyterorum Ordinis 5,1), la presenza del ministero pastorale. Una comunità ecclesiale si concepisce solo se gerarchicamente strutturata. Ed è proprio l'elemento pastorale che riassume in unità la pluralità dei fedeli (cf. Christus Dominus 11,1: «aderendo al suo pastore», «congregata»; Lumen Gentium 26,l: «aderendo ai loro pastori» sono «chiamate Chiese»; Ad Gentes 27,l: «radunato », «che aderisce ai propri pastori»).

Il parroco, poi, è visto come pastore nel senso di colui che mette a disposizione dei fedeli i beni della salvezza soprannaturale, mediante la predicazione, la celebrazione del culto e gli atti di governo della comunità parrocchiale (cf. in tal senso, per es. i c. 515; 519).

In terzo luogo, non è necessario che ogni parrocchia abbia un proprio parroco: è infatti possibile affidare una o più parrocchie a due o più sacerdoti, i quali sono tutti sullo stesso piano e agiscono «in solidum», sotto la guida e la responsabilità verso il Vescovo di uno di essi, così che il pastore, cioè il parroco, è il gruppo di sacerdoti considerati come un «unum» (c. 517, par. 1); oppure affidare a un solo parroco più parrocchie vicine (c. 526, par. 1). Resta comunque escluso che nell'ambito della stessa parrocchia vi siano due parroci oppure due «moderatores» (c. 526, par. 2).

---

[81] Cf c. 374, par. 1: «Ogni diocesi o altra Chiesa particolare sia divisa in parti distinte o parrocchie».

Infine è contemplata la possibilità, a motivo della scarsità di sacerdoti, che una parrocchia venga affidata o a un diacono o ad altra persona non sacerdote (quindi anche a un laico, uomo o donna) o a una comunità, anche se nei casi sopra previsti è necessario costituire un sacerdote con le potestà e le facoltà del parroco e con la funzione di coordinare la cura pastorale tra più parrocchie in tali condizioni (c. 517, par. 2)[82].

2.6. «Sotto l'autorità del Vescovo diocesano»

Ciò significa che il pastore della parrocchia è mandato, cioè nominato, dal Vescovo diocesano e da lui riceve le direttive pastorali.

Non si concepisce un pastore della parrocchia che non sia in comunione gerarchica con il pastore della Chiesa particolare[83].

2.7. «Con la cooperazione di altri presbiteri o di diaconi e dei fedeli laici»

Sottolineo qui la collaborazione dei laici notando due cose. La prima è che l'ottica del Codice sembra immediatamente quella della collaborazione alla funzione del parroco, quasi che i laici non avessero da svolgere un'attività propria. Il tiro è, probabilmente, corretto, almeno in certa misura, dal dettato del c. 529, par. 2: «Il parroco riconosca e promuova il ruolo proprio che hanno i fedeli laici nella missione della Chiesa [...] ». Quindi attività propria dei laici nella missione della Chiesa e non semplice collaborazione nella missione propria del parroco. Anche su tale aspetto torneremo nel seguito del discorso.

La seconda è che tale attività sembra svolgersi in maniera speciale nel consiglio pastorale parrocchiale (c. 536) e nel consiglio per gli affari economici parrocchiale (c. 537), dove i laici prendono parte, per quanto in modo «solo consultivo» (così si premura di avvertire il Codice), anche all'attività direzionale o amministrativa della comunità parrocchiale.

---

[82] Molto si discusse, nel corso della formazione dei nuovi canoni, sulla detta forma di nuova conduzione collegiale e se ne espressero le motivazioni: cf. Communicationes 6 (1974) 46: più agile organizzazione della cura d'anime nella società moderna; 8 (1976) 23-24; 29-31: si spiega abbondantemente che cosa sia la nuova istituzione. In Communicationes 13 (1981) 149 è il Segretario che difende la struttura relativamente ai laici, adducendo «l'esperienza fatta nella sua diocesi del Venezuela in cui la cura pastorale di alcune comunità di fedeli [...] è affidata (evidentemente in ciò che non è legato all'esercizio dell'ordine sacro) a comunità di Suore, con evidenti e molto soddisfacenti frutti spirituali». Cf poi Communicationes 13 (1981) 291-294; 14 (1982) 221-222. Altre determinazioni sono ai c. 542-544.

[83] La relazione con il Vescovo diocesano viene anche specificata dal Concilio come segue: il parroco fa «le veci del Vescovo», è suo vicario, sta al suo posto (cf Sacrosanctum Concilium 42,l) e «lo rende in certo modo presente» (Lumen Gentium 28,2; Presbyterorum Ordinis 5,1). In altre parole, possiamo dire: chi vede il parroco vede, almeno in qualche modo, il Ve-scovo che lo ha mandato. Così la funzione del parroco ne risulta fortemente esaltata e de-scritta con particolare pregio. Cf anche l'Esortazione Apostolica Christifideles laici 26,2: «[...] parrocchia [...] comunità organica, ossia costituita dai ministri ordinati e dagli altri cristiani, nella quale il parroco – che rappresenta il Vescovo diocesano – è il vincolo gerarchico con tutta la Chiesa particolare».

3. Breve confronto tra Codice e Concilio

A questo punto possiamo chiederci: è il concetto di parrocchia, contenuto nel nuovo Codice, coerente con quello del Vaticano II?

Possiamo ritenere che il concetto di parrocchia secondo il Codice è in parte coerente con quello del Concilio e in parte lo è meno.

3.1. Aspetti di coerenza

Gli aspetti essenziali del concetto di parrocchia presenti nel Codice sono coerenti con quelli del Concilio, che sono in sostanza: comunità di fedeli, generalmente individuata mediante un territorio, con un parroco-pastore e con la collaborazione dei laici (cf specialmente Sacrosanctum Concilium 42,l; Lumen Gentium 28,2; 26,l).

Chi conosce – come si notava nelle pagine precedenti – il Codice di diritto canonico del 1917 nel famoso c. 216 e la discussione dottrinale originatasi da detto canone a riguardo del concetto di parrocchia, non può che rilevare un grosso e felice cambiamento nel senso della profondità e della chiarezza data dal Codice – sulla scia del Concilio – al concetto in argomento.

Non mancano però gli aspetti problematici che ora esaminiamo:

3.2. Aspetti di non piena coerenza

Ne indichiamo due:

a) È scomparso dalla definizione codiciale un elemento importante della conciliare, e cioè che la comunità parrocchiale è «in qualche modo la Chiesa», rende la Chiesa presente e visibile in un certo luogo (cf. Sacrosanctum Concilium 42,1; Lumen Gentium 26,l; 28,2; Ad Gentes 37,1). Non si tratta forse di un grosso difetto, nel senso che la qualificazione di Chiesa deve ritenersi sottesa alla lettera del Codice, soprattutto per il fatto che il Codice deve essere interpretato e, se è il caso, completato alla luce del Concilio. Sta di fatto che il legislatore si è dimostrato, almeno formalmente, non del tutto attento a tale significativo aspetto.
D'altra parte, sarebbe stato importante, specie oggi, rilevare «expressis verbis» che la parrocchia è «in qualche modo la Chiesa», al fine di caratterizzare chiaramente tale comunità ecclesiale e di distinguerla quindi da ogni altra, peculiarmente da ogni associazione, gruppo o movimento, pur del tutto legittimi.

Nella parrocchia, infatti, sono presenti tutti gli elementi di ecclesialità, cioè tutte le attribuzioni della Chiesa in quanto tale, a differenza di quanto si verifica in altre aggregazioni ecclesiali, che hanno in sé non la somma degli elementi ecclesiali, ma solo alcuni di essi corrispondenti al carisma del gruppo.

Felicemente l'Esortazione Apostolica Christifideles laici riprende l'affermazione che la parrocchia è «l'ultima localizzazione della Chiesa, è in un certo senso la Chiesa stessa che vive in mezzo alle case dei suoi figli e delle sue figlie» (con riferimento a Sacrosanctum Concilium 42) così che è «necessario che tutti riscopriamo, nella fede, il vero volto della parrocchia, ossia il mistero stesso della Chiesa presente e operante in essa» (con riferimento a Lumen Gentium 28) (n. 26; cf n. 27,5: «[...] la parrocchia è la Chiesa posta in mezzo agli uomini [...]»).

b) Relativamente al parroco, possiamo rilevare che viene messo l'accento più sulla funzione di pastore che non sulla posizione di capo o di presidente. La differenza, per quanto sottile, non deve però sfuggire. Ci spieghiamo.

L'immagine del pastore, cui si riferisce quella di gregge, può venire intesa in modo meno corretto e cioè in modo da privilegiare l'attività del pastore per il gregge e quindi da suggerire che il pastore è attivo mentre il gregge è ricettivo.

L'idea, invece, del capo o del presidente (o di pastore, sì, ma come capo o presidente), insinua la funzione riassuntiva del parroco nei confronti della comunità e mette quindi in luce che la parrocchia è un insieme di fedeli e parroco, di fedeli presieduti dal parroco. In tal modo si viene a sottolineare non l'attività del parroco nei confronti della ricettività dei fedeli, bensì l'azione congiunta, per quanto gerarchicamente coordinata, dalle due componenti della comunità (cf c. 899, par. 2).

Che tale sia l'ottica del Concilio, per quanto non chiarissima e solo linea di tendenza, può ricavarsi dal tenore di vari passi, che mettono l'accento non tanto sull'azione del pastore (per quanto ne usino il termine), quanto sulla posizione di presidenza: «gruppi di fedeli [...] organizzati localmente sotto un pastore» (Sacrosanctum Concilium 42,1); «legittime assemblee locali di fedeli, le quali, aderendo ai loro pastori [...]» (Lumen Gentium 26,1). E quindi mettono l'accento sulla parrocchia intesa come soggetto unitario agente sotto la direzione del parroco (Cf. Apostolicam Actuositatem 10,2; Ad Gentes 15, 2)[84].

L'ottica del Codice appare invece tendenzialmente diversa. Non solo e non tanto per il fatto che il Codice usa (anche troppo insistentemente) l'immagine del parroco come pastore inteso nel senso sopra indicato (cf cc. 515, par. 1; 516; 519) ma anche e soprattutto per il motivo che resta il fatto che i canoni in questione, partiti con una definizione di parrocchia come comunità di fedeli, sembrano poi perdere per strada tale ottica squisitamente comunitaria, spostando l'asse del discorso sul parroco e sulla sua funzione e parlando quindi solo marginalmente della comunità parrocchiale come di soggetto unitario agente.

Si può vedere per esempio il c. 519, dove troviamo sì «con l'apporto dei fedeli laici», ma ciò partendo dal parroco e come sostegno della sua funzione. Così nel c. 528, dove si elencano i doveri del parroco e si aggiunge a riguardo della sua funzione evangelizzatrice: «anche con la collaborazione dei fedeli», si afferma certamente la attività dei laici, ma sembra ci si limiti alla sola evangelizzazione. E ancora nel c. 529, par. 2, possiamo leggere: «Il parroco riconosca e promuova il ruolo proprio che hanno i fedeli laici nella missione della Chiesa, favorendo le loro associazioni che si propongono finalità religiose», dove, se da una parte si afferma il ruolo proprio dei fedeli laici, sembra si limiti il discorso solo alle loro associazioni.

[84] Cf. L'analisi del Concilio in *Il concetto di parrocchia*, cit., 58-72.

Se dovessimo, poi, fermare l'attenzione sui pur pregevoli cc. 528-529, dovremmo tentare di riesprimerli ponendo in essi come soggetto attivo non solo il parroco («Il parroco è tenuto [...];» «Il parroco faccia in modo [...]»; ecc.), ma l'intero soggetto comunità parrocchiale (i fedeli, cioè, sotto la guida autorevole del parroco).

Nel Codice, insomma, si è un po' oscurata, almeno nella lettera del discorso, la visione della parrocchia che, come soggetto unitario, ha delle attribuzioni attive: non si dice che la parrocchia in quanto tale agisce per, ma si dice solo che il parroco agisce in favore dei fedeli.

L'annotazione che ci permettiamo di fare al Codice si riferisce però più alla forma del discorso che non alla sua sostanza, anche se la forma non è certamente priva di significato.

4. Osservazioni conclusive sui dati offerti dal nuovo Codice

Il nuovo Codice, in definitiva, ci fornisce una immagine di parrocchia indubbiamente ricca e fedele a quella presentata dal Concilio. Rimane la riserva sopra formulata circa la mancanza della qualificazione della parrocchia come «in certo modo la Chiesa» e circa l'ottica di fondo, cioè il partire dal pastore che cura la salvezza dei fedeli e non dalla comunità soggetto attivo di vita ecclesiale.

Riteniamo, però, che questo modo di vedere proprio del Vaticano II, da ritenersi il più esatto e profondo, sia sotteso al Codice, anche se meno esplicitato e possa quindi, anche se con un po' di sforzo, essere recuperato. Ciò, pare, per due ragioni: la prima è che il Codice deve venire letto tenendo sullo sfondo il Concilio; la seconda è che nel Codice – almeno relativamente alla visione della parrocchia come soggetto – si rilevano elementi preziosi che inducono in tale senso, elementi che devono pertanto essere valorizzati in pienezza. Ricordiamo ad esempio il dettato del c. 528, par. 2: «Il parroco faccia in modo che la santissima Eucaristia sia il centro dell'assemblea parrocchiale dei fedeli», così che la comunità è vista come soggetto attivo della celebrazione e della venerazione dell'Eucaristia (cf anche c. 899, par. 2). E ancora il c. 529, par. 2: «Il parroco riconosca e promuova il ruolo proprio che hanno i fedeli laici nella missione della Chiesa [...]». E il seguito di tale testo appare ancora più significativo: «[...] impegnandosi anche perché i fedeli si prendano cura di favorire la comunione parrocchiale, perché si sentano membri e della diocesi e della Chiesa universale e perché partecipino e sostengano le opere finalizzate a promuovere la comunione».

Si insinua pertanto l'idea della comunità soggetto ecclesiale. Significativo è inoltre quanto si dice relativamente al consiglio pastorale nel c. 536: «[...] i fedeli [...] prestano il loro aiuto nel promuovere l'attività pastorale». Anche quanto si statuisce al c. 515 sulla personalità giuridica della parrocchia è un significativo indice della concezione comunitario-attiva.

Insomma possiamo ritenere che almeno in forma abbozzata, il Codice considera la parrocchia come soggetto unitario, sotto la presidenza del parroco, di attività ecclesiale, cioè di celebrazione della memoria del Signore, di evangelizzazione, di carità, di compartecipazione alla guida della comunità medesima nell'ambito dei consigli.

II. Ulteriori riflessioni

Sulla scorta di quanto dall'analisi del Codice abbiamo ricavato, possiamo di seguito completare la riflessione. Ci pare soprattutto necessario trarre tutte le implicazioni contenute nel concetto di «communitas» dei cc. 515 e ss.

La parrocchia come «communitas» è una pluralità di persone tra loro unite con vincoli non solo ontologici, ma anche concreti o, meglio, visibili.

Ciò è dato dalla compresenza delle persone in un territorio limitato o, più definitivamente, dalla compresenza in un luogo: in esso le persone sono concretamente o visibilmente presenti le une alle altre. L'unione ontologica diventa così unione effettiva.

Tale unione effettiva è – del tutto ovviamente – non statica, bensì attiva: le persone agiscono e, in quanto unite, agiscono congiuntamente o, piuttosto, la comunità agisce, è soggetto unitario agente.

Le conseguenze da trarre dalle premesse indicate sono in definitiva che la parrocchia deve essere comunità effettiva da un punto di vista sia strutturale sia dinamico.

1. Profilo strutturale

Dal punto di vista strutturale, saranno particolarmente da attuare: la conoscenza reciproca, la stima vicendevole, l'amore fattivo, il superamento delle divergenze; in una parola, un clima di famiglia.

Ciò potrà venire attuato, con intelligenza e inventiva, in molte forme, non ultime quelle più semplici e ovvie, come gli incontri dopo le liturgie, l'animazione dei caseggiati, i gruppi di base, le feste, i pellegrinaggi, e così via. Si rilegga al riguardo per esempio Sacrosanctum Concilium 42,2: «[...] bisogna fare in modo che il senso della comunità parrocchiale [...] fiorisca soprattutto nella celebrazione della Messa domenicale». Il «soprattutto» invita a scoprire anche altre forme.

Sarà da sottolineare, attesa la natura della parrocchia di essere comunità nell'ambito della diocesi, il rapporto con la comunità superiore, la diocesi appunto, il Vescovo e il programma pastorale, nonché con il rappresentante del Vescovo e cioè con il proprio parroco. Si rileggano al riguardo Sacrosanctum concilium 42,2 : «[...] il [...] legame con il Vescovo [...]» e il c. 529, par. 2: «[si impegni il parroco] perché i fedeli si prendano cura di favorire la comunione parrocchiale, perché si sentano membri della diocesi e della Chiesa universale e perché partecipino e sostengano le opere finalizzate a promuovere la comunione»[85].

2. Profilo dinamico

Dal punto di vista dinamico, le questioni si presentano un po' più complesse e conviene, quindi, procedere con particolare attenzione.

[85] Cf. L'Esortazione Apostolica Christifideles laici 26,4, con il richiamo alle «comunità ecclesiali di base» come «comunità vive», in cui attuare concretamente la comunione.

2.1. Quasi inutile ricordare e premettere che tutti i «christifideles», cioè i battezzati e cresimati, sono titolari della missione della Chiesa (cf, per es., c. 204) e sono quindi attivi nella Chiesa. Ciò nelle attività sia di santificare (cf, per es., c. 835) sia di insegnare (cf, per es., c. 211; 225, par. 1; 229; 759; 766; 773 ss.), sia anche di governare (cf c. 212, par. 3; 228; 230). Ottimo il prospetto dei c. 528-530, per quanto compatibile con lo stato dei laici. Ciascun fedele, poi, ha la sua specifica vocazione attiva: c'è chi è lettore, chi è catechista, chi è membro del consiglio pastorale parrocchiale, chi operatore della carità, chi è genitore, chi è malato, e così via[86].

Il parroco, quindi, non è il solo a essere attivo. Il suo compito consiste, pertanto, non nel fare tutto, bensì nel fare in modo che ciascun fedele sia attivo. Più precisamente, il parroco: aiuta ciascuno a scoprire la sua vocazione attiva e quindi a prepararsi ad attuarla (anche la direzione spirituale dovrebbe venire compresa in questa particolare luce); dirige poi l'azione comune, esortando, correggendo, coordinando.

Viene alla mente l'immagine dell'orchestra, in cui il direttore non è colui che suona ogni strumento, ma colui che aiuta ciascuno a scoprire le proprie inclinazioni, insegna a suonare e dirige quindi il suono comune.

Non sintesi dei ministeri, bensì ministero della sintesi, è la formula opportunamente usata.

2.2. Si è detto sopra che il parroco, da buon direttore d'orchestra, dirige l'azione comune. Abbiamo, così, fatto allusione all'attività della parrocchia in quanto tale. Ma come concepire tale attività?

La parrocchia è una pluralità di persone tra loro unite, è un insieme, un uno, un soggetto unitario. Pressappoco come un'orchestra. Ma quando ci troviamo di fronte a un'attività di questo soggetto?

In qualche caso ciò è evidente. Emblematica è la celebrazione dell'Eucaristia. Qui ciascuno è attivo e fa la sua parte, ma non compie un'azione reciprocamente indipendente, bensì compie un'azione comune. La celebrazione dell'Eucaristia è un'attività dell'insieme, cioè del soggetto unitario. Così avviene nella celebrazione di altre attività liturgiche. Si rileggano al riguardo i cc. 837, par. 1; 899, par.2 (che sono altrettante citazioni di corrispondenti testi conciliari).

Altro caso evidente di azione del soggetto unitario è l'attività svolta dal consiglio pastorale parrocchiale e, prima ancora, l'espressione del voto della parrocchia nella scelta dei membri del consiglio.

Ci sono, tuttavia, casi in cui è meno evidente, però non meno vera, l'attività del soggetto unitario. Si tratta delle attività poste da singoli membri della parrocchia, come, ad esempio, l'attività di un catechista. Anche queste attività, che sono svolte da singoli e sembrano esaurirsi in essi, sono in realtà del soggetto unitario, cioè della parrocchia nel suo complesso, per il fatto che, nel nostro esempio, il catechista compie un'attività della parrocchia, voluta dalla parrocchia, inserita nel piano delle sue attività.

---

[86] Nell'Esortazione Apostolica Christifideles laici abbiamo un forte richiamo alla partecipazione dei laici all'attività della comunità parrocchiale (n. 26-27).

Ciò risulta particolarmente chiaro quando precede una deliberazione comune, – come detto – da parte del consiglio pastorale, che offre consigli al parroco. La deliberazione è un atto della
comunità e l'esecuzione è ancora un atto della comunità attraverso singoli membri[87].

2.3. Non vi è dubbio che nella predetta visione della parrocchia agente vengono posti in peculiare valore sia la figura del parroco sia quella dei fedeli: questi, per il fatto che vengono considerati non come privati, ma come membri di un corpo e quasi suoi strumenti; quello, perché viene visto come presidente di una comunità soggetto agente, che incrementa e dirige l'attività dei singoli e quella del corpo (possiamo ricordare ancora l'immagine del direttore d'orchestra). In questo senso egli è «pastore». Non solo, quindi, perché dà al suo gregge i beni della salvezza, ma anche e primariamente perché fa sì che i singoli fedeli e l'intero corpo siano attivi nell'attuazione dei beni della salvezza.

In una parola, il parroco «pastore» inteso in funzione di «presidente» agirà, da una parte, verso i singoli, nella «direzione spirituale» o in altre forme, scoprendo i carismi, insegnando ad attuarli, inserendoli nell'attività del corpo della parrocchia e agirà, dall'altra, verso il corpo della parrocchia, facendo sì che innanzitutto si formino i consigli pastorali con la partecipazione di tutti (momento elettivo), poi si prendano decisioni comuni (momento della consultazione) e infine che ciascuno possa svolgere il proprio ruolo a nome della parrocchia.

La predetta visione di parrocchia viene felicemente insinuata nel discorso del Papa ai Vescovi Lombardi del 18 dicembre 1986. Dopo aver citato il c. 515, par. 1, il Papa prosegue: «La nuova formulazione mette chiaramente in evidenza la qualità di 'soggetto' che è propria della parrocchia, di soggetto attivo nell'azione pastorale. Ciò corrisponde alla realtà e molto opportunamente la nuova legislazione della Chiesa ne prende atto, dando con ciò stesso una precisa indicazione per l'impegno futuro». E poco più oltre: «È la parrocchia, infatti, che, pur nelle variazioni comportate dalla sua storia ultramillenaria, rende vivo e operante il mistero della Chiesa e della sua missione di annuncio di Cristo e di formazione del cristiano nel vissuto quotidiano, sotto la guida del proprio pastore 'mandato' dal Vescovo e in costante comunione con lui»[88].

III. Altri tipi di comunità ecclesiali e distinzioni dalla parrocchia.

Descritto il concetto di parrocchia è opportuno ora considerare quattro altre realtà, al fine di tentare le distinzioni concettuali tra queste e la parrocchia. Si vedano comunque gli altri contributi nel presente fascicolo.

---

[87] Cf. l'Esortazione Apostolica Christifideles Laici, dove si richiama fortemente la utilità di costituire i consigli pastorali parrocchiali (n. 27,3).

[88] Cf L'Osservatore Romano 19 dicembre 1986, p. 5. Cf anche il Discorso ai Vescovi Francesi del 30 gennaio 1987 (spec. n. 3), in L'Osservatore Romano 31 gennaio 1987, p. 5. Il discorso ai Vescovi Lombardi può essere efficacemente riletto anche per ritrovarvi autorevoli indicazioni su altri punti relativi al concetto di parrocchia, per esempio sul non elitarismo e sull'attività di tutti i fedeli (cf n. 4-5). Nella stessa linea si pone il Discorso ai Vescovi Francesi, specialmente circa la parrocchia come comunità ecclesiale (n. 3), il non elitarismo (n. 5), la partecipazione di tutti i fedeli, specialmente nei consigli pastorali (n. 6).

1. La quasi-parrocchia

Il concetto è dato dal c. 516, par. 1: «[...] la quasi-parrocchia [...] è una comunità determinata di fedeli nell'ambito di una Chiesa particolare, affidata ad un sacerdote come suo pastore, ma che, per speciali circostanze, non è ancora stata eretta come parrocchia».
Possiamo, semplificando, ritenere che la quasi-parrocchia è come la parrocchia, anche se manca il decreto di definitiva costituzione in parrocchia «per speciali circostanze», ad esempio di opposizione da parte dell'autorità civile.

2. Altre possibilità previste dal Codice

Prosegue il c. 516, par. 2: «Quando una comunità non può essere eretta come parrocchia o quasi-parrocchia, il Vescovo diocesano provveda in altro modo alla sua cura pastorale».

Questi modi sembrano essere soprattutto i due seguenti: aprire una chiesa sussidiaria oppure individuare una porzione della comunità con chiesa sussidiaria e apposito sacerdote.
Il primo modo è tale per cui le attività cultuali (ed eventualmente quelle di catechesi) si svolgono non nella chiesa centrale della parrocchia, bensì in una chiesa diversa, appunto sussidiaria della centrale. Il motivo di ciò è in definitiva quello della distanza di un gruppo di fedeli dalla chiesa centrale.

Il secondo modo induce invece nella comunità parrocchiale una certa divisione, nel senso che una porzione della comunità (individuabile anche con confini territoriali) diventa fisicamente autonoma, anche se strutturalmente o giuridicamente la comunità resta unita: il sacerdote addetto è solo vicario parrocchiale e la chiesa apposita è solo chiesa sussidiaria.

Non si confonda la chiesa sussidiaria con la chiesa officiata da un rettore (a norma dei cc. 556-563): questa, infatti, non prevede il servizio a una determinata comunità (cf c. 556) ma è aperta a tutti i fedeli che vogliano confluirvi.

4. La cappellania

Il concetto è ricavabile dai cc. 564-572, anche se non è facile arrivare a soluzioni del tutto soddisfacenti.

Il c. 564 parla di «comunità o gruppo speciale di fedeli» e vari canoni sembrano darne una certa elencazione. Il c. 568: «coloro che non possono usufruire, per la loro situazione di vita, della cura ordinaria dei parroci, come gli emigranti, gli esuli, i profughi, i nomadi, i naviganti». Il c. 566, par. 2 accenna agli ospedali, alle carceri, ai naviganti. Il c. 569 parla dei cappellani «dei militari» (cf poi c. 567, par. 1: tratta dei cappellani di istituti religiosi laicali; c. 813: almeno allude a cappellani degli universitari).

Come si ricava dai testi citati, i fedeli che compongono una cappellania sono fedeli di una determinata categoria.

Le attività della cappellania sembrerebbero essere, almeno stando al Codice, soprattutto quelle liturgiche (cf c. 566).

Il pastore della cappellania è un presbitero nominato dal Vescovo (cf cc. 565; 567) e ha funzioni per lo meno assimilabili a quelle del parroco (cf c. 566).

La differenza, quindi, tra la parrocchia e la cappellania potrebbe ricavarsi non tanto dal tipo di attività (anche se queste sembrano essere più limitate nel caso della cappellania o di certe cappellanie), né certamente dalla figura del cappellano (che pare assimilabile al parroco), bensì piuttosto dal tipo di fedeli, che sono quelli di una determinata categoria, e non altri. Una certa assimilazione è forse esperibile con la parrocchia personale.

4. L' ASSOCIAZIONE DI FEDELI

Il primo elemento che determina l'essere di un'associazione di fedeli consiste nel fatto che questo tipo di comunità ha una o più finalità ecclesiali e non ha quindi la totalità di tali finalità.

Un secondo elemento caratterizzante è che l'associazione non è aperta a tutti, ma solo a coloro che liberamente accetteranno le finalità associazionali e, anche liberamente, saranno ammessi al gruppo.

Tali due elementi sono già sufficienti per stabilire una distin-zione inequivocabile tra parrocchia e associazione di fedeli.

Ma la differenza forse più vistosa consiste nella posizione del sacerdote che funge da assistente ecclesiastico nelle associazioni pubbliche (cf c. 317, par. 1)[89] o da consigliere spirituale nella associazioni private (cf c. 324, par. 2). Tale sacerdote, infatti, non può in nessun modo essere assimilato al parroco (e neppure al cappellano) per il semplice motivo che egli non è capo o presidente dell'associazione.

Il capo o presidente dell'associazione è un membro di essa, laico o ordinato e, se sacerdote, non in quanto tale, bensì solo in quanto membro dell'associazione stessa. L'associazione, in altre parole, è già, come soggetto, completa in sé a prescindere dall'assistente. L'assistente o consigliere spirituale sta solo – diciamo – a lato dell'associazione, svolgendo funzioni di consiglio oppure di vigilanza spirituale e, anche quando celebra l'Eucaristia per i membri dell'associazione, fa questo non come capo o presidente dell'associazione, ma come sacerdote in servizio di un gruppo di fedeli.

---

[89] Il c. 317, §1 usa anche l'espressione «cappellano », ma, certo, in senso diverso da quella dei cc. 564-572.

Capitolo IV

Parrocchia e Territorio: nuovi modelli di Parrocchia e nuove forme di territorialità

Quale *modello* di parrocchia?

I vescovi italiani nel confermare la scelta dell'istituto parrocchiale quale forma ordinaria di vita ecclesiale hanno pure indicato alcune linee di rinnovamento[90]. Le parrocchie sono chiamate a manifestare maggiormente un "volto missionario" assumendo una capacità nuova di annunciare il Vangelo delle mutate circostanze culturali e sociali. La malattia che affligge le parrocchie, così come stata diagnosticata da vescovi italiani è l'*autosufficienza*[91]. Medicina che molte chiese locali stanno somministrando per superare il male e la riforma delle parrocchie e mettendole "in rete, in uno slancio di pastorale d'insieme"[92].

Andò la rete prende una forma strutturalmente è definita nascono modalità stabili di condivisione tra parrocchie limitrofe cui sono state attribuite denominazioni diverse a seconda del progetto pastorale che viene attuato: prevalentemente si parla di *unità pastorali.*

Nella maggior parte dei casi si tratta di forme integrative di collaborazione tra parrocchie e non aggregative. Le prime hanno di vita il consolidamento delle parrocchie e la loro rivitalizzazione, le seconde si prospettano la possibilità reale di operare "fusioni" tra enti giuridici distinti riconducendoli ad un unico soggetto.
Non sembri perciò inutile la domanda di questo scritto: *qual è il modello di parrocchia* che le chiese particolari, e l'autorità in essa costituita, devono considerare per realizzare il necessario discernimento verso l'una o l'altra delle scelte da compiere? Per una tale indagine non si deve tener conto delle situazioni limite o delle eccezioni, bensì della vita normale di una comunità parrocchiale anche alla luce dei mutamenti che stanno avvenendo. Vale la pena precisare che interrogarsi circa il

---

90 Conferenza Episcopale Italiana, nota pastorale *Il volto missionario delle parrocchie in un mondo che cambia*, 30 maggio 2004, in «Notiziario della Conferenza Episcopale Italiana» 38 (2004) p. 129-162.

91 «Tutte [le parrocchie] devono dire la consapevolezza che è *finito il tempo della parrocchia autosufficiente*». (CEI, *Il volto missionario delle parrocchie,* n. 11).

92 CEI, *Il volto missionario delle parrocchie,* n. 11.

modello è differente dalla ricerca di ciò che è essenziale perché si possa parlare di parrocchia. Per esempio i cann. 515 e 518 descrivono gli elementi essenziali. Anche la nota pastorale di vescovi italiani, *il volto missionario delle parrocchie,* sembra manifestare la preoccupazione che non gli parrocchia di siano dei gesti essenziali di cui la comunità non deve rimanere priva gli altri ambiti pastorali che richiedono un lavoro d'insieme sul territorio[93].

Parlare di modello significa, invece, delineare oltre agli elementi essenziali anche altri elementi riconosciuti importanti a raggiungimento delle finalità proprie della parrocchia. Può darsi che non ogni parrocchia abbia tutti gli elementi del modello, a causa di contingenza peculiari.

IL *MODELLO* DI PARROCCHIA

Per dare seguito alla riforma dell'ultimo Concilio ecumenico la Sagra congregazione per i vescovi emanò nel 1973 il Direttorio per il ministero pastorale dei vescovi[94] nel quale vengono esplicitati i due diversi tipi di criteri, annoi utili per individuare il modello di parrocchia.

Il primo porta il titolo *De rationibus paroeciarum instituendarum* e cioè i criteri che i vescovi devono seguire nell'erezione delle parrocchie[95].

a) «La parrocchia deve caratterizzarsi soprattutto per la fervida unione degli spiriti che sotto l'impulso della carità fraterna, associa chierici, religiosi e laici sino a farne una vera comunità di fede, di grazia e di culto, mettendosi a parte l'un l'altro i doni dello Spirito Santo per l'edificazione della Chiesa». Questo primo elemento sottolinea la realtà personale e comunionale della parrocchia che il Codice di diritto canonico riassume al can. 515 § 1 con l'espressione *certa communitas chiristifidelium.*
b) Il clero deve «rispecchiare in sé la figura spirituale e pastorale del vescovo, io operare in comunione con il presbiterio diocesano». L'attribuzione della cura pastorale al presbitero che ha l'ufficio di parroco, non rimanda alla figura isolata di un singolo sacerdote, bensì primariamente al vescovo con il collegio dei presbiteri i quali, in un vincolo di solidarietà spirituale e pastorale, esercitano la missione loro affidata da Cristo.

---

[93] «Si deve distinguere tra i gesti essenziali di cui ciascuna comunità non può rimanere priva e la risposta a istanze in ambiti come carità, lavoro, sanità, scuola, cultura, giovani, famiglie, formazione, ecc. in ordine alle quali non si potrà non lavorare insieme sul territorio più vasto, scoprire nuove ministerialità, far convergere i progetti» (CEI, *Il volto missionario delle parrocchie,* n. 11).

[94] SACRA CONGREGAZIONE PER I VESCOVI, direttorio *Ecclesiae imago*, 22 febbraio 1973, in EV 4, nn. 1945-2328.

[95] *Ibid.,* n. 176, in EV 4, n. 2229-2231.

c) «In ogni parrocchia, o in ogni decanato che consti di assai piccole parrocchie, i presbiteri costituiscano possibilmente un piccolo presbiterio adottando forme di vita comune confacenti alla loro missione». Se il punto precedente indica una prospettiva di valore, qui se ne esplicita l'aspetto visibile. In quanto il prete esercita la cura pastorale non da solo ma insieme a tutto il presbiterio questo deve trovare manifestazione in qualche forma di vita comune dei presbiteri di parrocchie vicine; si parla, infatti, di *quasi parvum presbyterium*. Nel Codice che verrà successivamente promulgato questo elemento viene ripreso ai cann. 275 §1; 280; 533 § 1; e al can. 550 specialmente nel §2 che stabilisce il dovere dell'ordinario di promuovere «una certa pratica di vita comune» del clero nella casa parrocchiale.

d) «Clero, Giusi e laici di ogni parrocchia, si assumano e svolgono i compiti apostolici che loro aspettano in proprio, mantenendo però tra tutti l'unità di intenti dell'armonica disciplina delle opere, dei ministeri e dei carismi». Della parrocchia la molteplicità di ministeri e servizi apostolici non deve essere mortificata da una figura che prevale sulle altre ma è dovere di ciascuno perseguire sia l'unità di ciò che ci si propone sia la concordia delle iniziative che carismi e ministeri attuano.

e) Le dimensioni del territorio della popolazione: «siano tali che consentano una sufficiente assistenza pastorale, ossia una mutua conoscenza e collaborazione tra il pastore e sui ausiliari di ministero da una parte, e il gregge dall'altra, non che è una diretta e continua cura delle anime». Questa caratteristica tipica della comunità parrocchiale per la conoscenza reale che ci deve essere tra pastori e fedeli con la relativa assunzione di responsabilità nell'esercizio della carità fraterna. Viene così introdotto l'elemento territoriale che era normale dal can. 216 §§1 e 2 del CIC 1917, ora can. 518.

Il secondo testo del Direttorio, sotto il titolo *De paroeciae structuris*, si chiama cinque aspetti strutturali della parrocchia ottimale[96]. Il primo aspetto si collega all'ultimo del precedente elenco.

a) La parrocchia deve avere una «giusta dimensione di territorio e di popolazione».

b) Essa «sia provveduta del parroco e di almeno un altro presbitero, possibilmente facenti vita comune». Torna l'attenzione alla figura del pastore ma intesa come *presbiterio*, secondo la prospettiva indicata ai punti b) e c) dell'elenco precedente. Si noti che l'ideale non è un presbitero una parrocchia, bensì almeno due presbiteri nella parrocchia. Si insiste, poi, sulle forme della vita comune; non deve indurre in errore l'espressione *quantum possunt* perché non

[96] *Ibid.*, n. 179, in EV 4, n. 2235.

deve essere interpretata nel senso di "se lo desiderano" dato che la prassi era quella di presbiteri che vivevano separatamente, benzine significato propositivo di esprimere anche visibilmente la comunione di origine sacramentale con la pratica della vita comune.

c) «I laici, con responsabilità propria, abbiano parte nel consiglio pastorale parrocchiale e dirigano le opere di apostolato ad essi pertinenti». L'unità di intenti e l'armonia delle iniziative pastorali viene perseguita con uno strumento nuovo, il consiglio pastorale parrocchiale, sul quale vi sono aspettative forse eccessive ma che viene qui inteso come luogo ordinario di promozione del laicato (in senso più ampio la normativa vigente al can. 536, ma si veda anche il can. 275§2).

d) «Fioriscano e funzionino bene le associazioni parrocchiali, specialmente quelle raccomandate dei sommi pontefici o dalla conferenza episcopale». Il Codice prescriverà al can. 529 il dovere del parroco di favorire le associazioni con finalità religiose. Si faccia attenzione che queste non siano di intralcio alla vita parrocchiale, o addirittura l'annichilimento della parrocchia stessa.

e) «Tra gli strumenti di apostolato non manchino certi tipi di scuole, come ad esempio, le scuole di catechismo, una scuola materna, una sede per incontri della gioventù, un centro per l'assistenza caritativa e sociale e per l'apostolato familiare, una biblioteca, e tutta una rete organizzata che tenda a penetrare capillarmente nei vari ambienti e gruppi della popolazione, con diversità di compiti e di forme associative ma sempre per l'unico fine comunitario e missionario». In questo ultimo elemento strutturale della parrocchia si elencano alcune opere che esprimono la missione della comunità parrocchiale; per la loro realizzazione sono necessari sia delle attività sia degli abbienti. Innanzitutto le opere che promuovono l'educazione cristiana delle nuove generazioni come le scuole, il catechismo, i percorsi di formazione per giovani con tanto di biblioteca (oggi la biblioteca potrebbe essere offerta da un buon sito informatico parrocchiale che, oltre alle informazioni sullo svolgimento delle attività pastorali, fornisca anche l'accesso a testi di cultura cristiana e magisteriali). Inoltre si prevede la presenza di un centro di assistenza caritativa e sociale[97] e pure di un centro per l'apostolato familiare. Infine s'indica la necessità di avere una rete di presenze capillari nella popolazione anche mediante le associazioni ecclesiali[98].

---

[97] Papa Benedetto XVI ha chiesto che il «Vescovo favorisca la creazione, *in ogni parrocchia* della sua circoscrizione, d'un servizio di "Caritas" parrocchiale o analogo» (motu proprio *Intima Ecclesiae natura,* 11 novembre 2012, art. 9, in AAS 104 [2012] 1002).

[98] Verità si deve segnalare che negli ultimi decenni si sono costituite delle comunità ecclesiali di base, sul modello di quelle presenti in America latina, oppure dei centri di ascolto con incontri periodici di ascolto della Parola di Dio. Più recentemente sono nate le cellule parrocchiali di evangelizzazione e le

Se si confrontano queste indicazioni del 1973, con quelle simili riportate nel Direttorio pubblicato nel 2004[99], si può notare una sostanziale conferma con qualche sottolineatura diversa.

Il documento più recente afferma che «in concreto è opportuno prestare attenzione a una serie di caratteristiche che conformano il modello di parrocchia e ne accrescono l'efficacia pastorale». Perciò si raccolgono le caratteristiche in quattro punti.

a) La *collaborazione pastorale* che deve essere attuata dal parroco e dagli altri presbiteri coinvolti nella cura pastorale. Benché si parli di più presbiteri non si afferma la necessità che siano almeno due. Si aggiunge che «è utile che il parroco ai vicari» vivano insieme o almeno abbiano dei momenti di vita comune per due ragioni: favorire l'intesa e la comunione tra di loro e dare testimonianza di vita fraterna.

b) La *partecipazione dei fedeli* intendendo non solo i laici ma pure i consacrati e i chierici impegnati nelle attività parrocchiali. Su questo punto si definisce il ruolo del parroco. Tutti devono «operare in comunione d'intenti con il parroco e in armonia con gli altri responsabili» e, per parte sua, il parroco «non tralascerà di chiedere il loro parere» amente con il consiglio pastorale parrocchiale. La formulazione di questa stessa realtà, nel precedente direttorio, sembrava più felice in quanto sottolineava la comune ricerca di comunioni di intenti e di armonia disciplinare che tutti devono perseguire, il parroco *in primis*.

c) La *promozione delle aggregazioni parrocchiali* «specialmente quelle create dall'autorità della Chiesa per favorire la catechesi e il culto pubblico». L'espressione *aggregazioni parrocchiali*, dopo la promulgazione del Codice, non è di facile interpretazione. Di regola le aggregazioni sono o diocesane o nazionali o internazionali. Non ci risulta che il diritto vigente attribuisca alcuna autorità al parroco nel riconoscere a livello parrocchiale delle aggregazioni di carattere ecclesiale. La competenza e della Santa sede o dell'ordinario del luogo. Ciò è confermato anche dalla nota apposta in calce al direttorio nella quale si rinvia al can. 301 che tratta della competenza dell'autorità ad erigere associazioni pubbliche di fedeli.

---

comunità familiari di evangelizzazione (per queste ultime si veda: www.cellule-evangelizzazione.org e www.misterogrande.org).

[99] CONGREGAZIONE PER I VESCOVI, *Direttorio per il ministero pastorale dei Vescovi "Apostolorum Successores"*, 22 febbraio 2004, n. 212.

d) La «creazione di *centri formativi* di diverso tipo, come scuole di catechismo, scuole materne elementari o di altro grado, sedi per incontri formativi per i giovani, centri di assistenza caritativa e sociale e per l'apostolato familiare, biblioteche ecc. In breve, una rete organizzata che possa penetrare capillarmente in maniera diversificata nei vari ambienti e gruppi della popolazione». Come si può notare il passo è preso testualmente da precedente Direttorio.
Come abbiamo specificato più sopra, non è detto che ogni parrocchia abbia necessariamente queste strutture, ma se queste sono il modello, ogni riforma della realtà parrocchiale dovrà essere orientata ad acquisirle.

LE *UNITÀ PASTORALI*

Ci chiediamo a questo punto se il processo di riforma delle parrocchie nelle cosiddette *unità pastorali* tenga realmente presente il modello di parrocchia richiamato dai documenti.

Bisogna precisare che non è facile definire il quadro complessivo dei cambiamenti in atto. Basti pensare alla differente terminologia usata: *unità pastorali*[100] o *comunità pastorali* o *nuove parrocchie*. Si tratta di forme stabili di collaborazione tra più parrocchie determinate dal vescovo. La realtà si sta sviluppando soprattutto nel nord-Italia ma è un processo presente in varie parti d'Europa[101]. Circoscrivendo l'attenzione all'Italia e semplificando, possiamo dire che vi sono tre soluzioni con finalità che presentano delle sostanziali differenze ma tutte accomunate dalla necessità di rinnovare le parrocchie che tendono ad essere autoreferenziali e dal respiro evangelizzatore e missionario corto.

Queste le tre differenti tipologie.

Una più radicale che porta il nome di *nuove parrocchie*[102]. Tensione immediata non è quella di ridurre il numero delle parrocchie che giuridicamente portano questo nome, bensì sollecitare ad una progettazione e attuazione dell'azione pastorale comune tra più parrocchie. Nel decreto di istituzione di una di queste si afferma che «la cura pastorale unitaria nell'ambito della nuova parrocchia e affidata a un servizio

---

[100] L'espressione *unità pastorali* è stata la prima ad entrare nel linguaggio ecclesiale. In essa sono racchiuse diverse formule di cooperazione tra parrocchie. Si veda A. MONTAN, *Unità pastorali: contributo per una definizione*, in QDE 9 (1996) 139-163. L'autore presenta una prima recensione delle esperienze in atto soprattutto nell'ambito italiano. Con uno sguardo all'Europa si veda V. GROLLA, *Unità pastorali nel rinnovamento della pastorale parrocchiale,* Roma 1996. Più recentemente si può leggere AA.VV., *Unità pastorali. Quali modelli in un tempo di transizione?,* a cura di A. Toniolo, Padova 2003.

[101] Per esempio in Francia e in Olanda si è proceduti all'unificazione di numerose parrocchia, con notevoli disagi per i fedeli. Non siamo in grado di offrire in questo contesto una valutazione se la riduzione del numero delle parrocchie abbia di mira il modello di parrocchia descritto nei documenti.

[102] È il caso della diocesi di Parma, cf. Diocesi di Parma, *Decreto di costituzione delle nuove parrocchie,* in http://www.diocesi.parma.it/new/images/VescovoESolmi/UnitàParroch/decrcostit nuove parr.pdf.

ministeriale [...] "costituito dalle principali figure ministeriali presenti nella nuova parrocchia e da altre ritenute importanti. Ne fanno parte il Presbitero Moderatore, gli altri presbiteri, i diaconi, un rappresentante delle comunità religiose, una coppia di sposi e laici che operano al servizio della nuova parrocchia"». Vi è poi la figura di un «Presbitero Moderatore della Nuova Parrocchia, cui spetta la responsabilità ultima della conduzione unitaria, promuovere all'interno del Servizio Ministeriale la più ampia condivisione dell'attività e delle scelte pastorali elaborate con il coinvolgimento degli organismi di corresponsabilità ecclesiale unitari». Si prevede la formazione di un unico consiglio pastorale nella nuova parrocchia e un unico consiglio degli affari economici, entrambi composti con rappresentanti di tutte le parrocchie componenti la nuova parrocchia. Sembra che questa forma di cooperazione sia pensata come momento intermedio verso «la fusione di più parrocchia in una».

Una seconda soluzione porta il nome di *comunità pastorali*. Le parrocchie facenti parte della *comunità pastorale* vengono affidate alla cura pastorale di un unico parroco il quale avrà altri presbiteri quali collaboratori nella cura pastorale. La comunità pastorale è definita come «una forma di unità pastorale tra più parrocchie (di solito di una città o di un comune con almeno due parrocchie o anche di un'area omogenea comprendente parrocchie distribuita in più comuni) che hanno una cura pastorale unitaria e sono chiamati a un camino unitario e coordinato. La denominazione indica un progetto forte di comunione e di condivisione tra le parrocchie implicate». Inoltre, «il soggetto unitario a cui compete promuovere e guidare l'attività della Comunità pastorale è il *Direttivo pastorale,* costituito da un sacerdote *Responsabile della Comunità pastorale*, che è parroco legale rappresentante delle singole parrocchie, da altri sacerdoti *Vicari della Comunità pastorale,* cui viene affidato un ambito specifico e/o il compito di seguire in modo particolare l'attività di una o più parrocchie, ed eventualmente da sacerdoti *Residenti con incarichi pastorali.* Entrano inoltre a far parte del Direttivo diaconi nominati *Collaboratori della Comunità pastorale* e consacrati e laici (in particolare i *Responsabili* o *Direttori di laici di oratorio*) chiamati con formale incarico a operare stabilmente e di norma a tempo pieno nel servizio della Comunità pastorale»[103].

Anche in questo contesto si richiede la costituzione di un consiglio pastorale della comunità pastorale e consiglio per gli affari economici (composto di almeno tre fedeli per ogni parrocchia)[104].

[103] Cf. ARCIDIOCESI DI MILANO, *La comunità pastorale. 1. Commissione Arcivescovile per la pastorale d'insieme e le nuove figure di ministerialità*, Milano 2009.
[104] In merito alle difficoltà incontrate nella realizzazione di questo progetto Cf. P. CIOTTI, *Comunità pastorali: verso una nuova identità del prete? Note da una ricerca nella diocesi di Milano*, in «La Rivista del Clero Italiano» 93 (2012) p. 611-631.

Una terza tipologia di *unità pastorali* viene chiamata *collaborazione pastorale*[105]. Essa è descritta come «una forma stabile di collaborazione tra più parrocchie, chiamate a vivere un cammino condiviso e coordinato di comunione, attraverso la realizzazione di un preciso progetto pastorale». La finalità principale di questo modello è la *rivitalizzazione* delle comunità parrocchiali spingendoli a vivere l'annuncio evangelico e la missione. Altro motivo che porta alla creazione delle collaborazioni pastorali è far fronte alla riduzione dei sacerdoti. Vi sono collaborazioni pastorali con un parroco che altri presbiteri collaboratori, ve ne sono altri compiti parroci e vicari parrocchiali gli altri aiuti presbiterali. Con la costituzione della collaborazione pastorale viene nominato un *consiglio della collaborazione pastorale* formato dai presbiteri impegnati stabilmente nella cura pastorale, i diaconi, religiosi e laici rappresentanti delle diverse parrocchie. Il consiglio della collaborazione pastorale e preceduto da un presbitero coordinatore che non ha autorità sugli altri parroci ma agisce come *primus inter pares*. La funzione del consiglio della collaborazione pastorale è ritenuta particolarmente rilevante, almeno sotto il profilo teorico: «Per avere un ruolo propulsivo nella Collaborazione Pastorale il Consiglio della Collaborazione Pastorale si incontrerà di regola ogni quindici giorni, condividendo tempi di preghiera e discernimento, di programmazione pastorale e di vita fraterna»[106].

COMPARAZIONE CON GLI ELEMENTI DEL *MODELLO* PARROCCHIA

Comparando gli elementi del *modello* parrocchia con quanto emerge dal rinnovamento in atto con le *unità pastorali* si possono fare alcune considerazioni.
Per ciò che riguarda la *collaborazione pastorale tra presbiteri* si nota che nelle *unità pastorali* o realtà simili non si parla mai soltanto di un parroco che ha la cura pastorale di più parrocchie. Vi è il chiaro intento di sviluppare forme più strette di condivisione tra preti. Molto realisticamente la riduzione numerica del clero non consente più di avere almeno due presbiteri in ogni parrocchia. Questo è possibile nella *unità pastorale* anche con l'assunzione di scelte impegnative quali la vita comune del clero che esercita la cura pastorale in più parrocchie. I fedeli della singola parrocchia forse non avranno più il parroco residente e questo provoca qualche resistenza da parte loro. Ma in positivo possono riferirsi pastoralmente ad un piccolo presbiterio che attesta la fraternità presbiterale e manifesta la comunione così necessaria anche alla comunità parrocchiale. In altri termini, quanto si chiedeva per il

---

[105] Diocesi di Treviso, *Orientamenti e norme per le Collaborazioni pastorali nella Diocesi di Treviso,* Treviso 2010.
[106] Cf. F.L. BONOMO, *Verso dove andiamo? Cantieri aperti per le nostre comunità,* in «La Rivista del Clero Italiano» 93 (2012) p. 837 - 857.

modello della singola parrocchia oggi può essere assicurato soltanto in una rete di parrocchie vicine.

Anche il secondo elemento del modello, *la partecipazione dei fedeli,* sembra più favorita all'interno di una rete di parrocchie. In alcuni contesti sta avvenendo questo: la costituzione di organismi in sede di *unità pastorale* provoca il consolidamento del consiglio pastorale parrocchiale che in precedenza era poco avvertito (il parroco non ne sentiva molto la necessità e i fedeli non erano motivati al consigliare e alla condivisione). Viene introdotto un circolo virtuoso tra consiglio pastorale parrocchiale e il consiglio della *unità pastorale.* Il parroco non può più agire da solo ed è "costretto" a considerare quanto è emerso in sede di *unità pastorale* con altri presbiteri e laici. Si può forse parlare di *strumenti nuovi* che permettono anche alla singola parrocchia di procedere in termini un po' più *sinodali.*

Sul terzo elemento del modello parrocchia le valutazioni sono più negative. Le cosiddette *aggregazioni parrocchiali* faticano a strutturarsi a livello semplicemente parrocchiale. Pensiamo alla formazione degli adulti e dei giovani. Spesso non è praticabile in sede parrocchiale per le poche persone coinvolte. Risulta più arricchente un percorso di gruppo nel quale convergono adulti e giovani di parrocchie vicine, permettendo ampia condivisione e forte sostegno reciproci. La questione è particolarmente delicata. Infatti le associazioni articolate a livello parrocchiale rischiano di scomparire se non si ridefiniscono in termini di identità a partire dalla collaborazione tra parrocchie. Il definirsi prevalentemente in rapporto alla singola comunità parrocchiale porta all'autoreferenzialità anche rispetto alla diocesi con conseguenze nefaste. Ma tale ridefinizione manca di referente ecclesiale effettivo quale era la parrocchia (la rete di parrocchie è realtà meramente organizzativa).

Il quarto elemento del modello è il più assente dalle determinazioni sulle *unità pastorali.* Forse anche perché sembra prematuro offrire indicazioni in proposito. Questo non significa che il problema non sia avvertito. Per esempio, in alcuni contesti ecclesiali sono molto presenti le *scuole d'infanzia parrocchiali*, ma la loro gestione è assai problematica. Vi è la necessità di creare servizi condivisi e, non raramente, di dare vita ad una unica scuola dell'infanzia a servizio di più parrocchie. Tale scelta non è priva di conseguenze: specialmente nelle parrocchie medio piccole, la scuola dell'infanzia ha rappresentato l'unico centro educativo della parrocchia capace di raggiungere anche coloro che da tempo sono indifferenti alla fede o sono di altre religioni. Come assicurare la sopravvivenza in tali ambienti educativi in parrocchia? La soluzione che sta emergendo a livello delle *unità pastorali* e che potrebbe avere un futuro è questa: siccome non è possibile assicurare le strutture per tutte le attività richieste nelle singole parrocchie (educazione, carità, famiglia…) e riconoscendo al contempo che in ogni parrocchia un centro è necessario, a livello di *unità pastorale* si decide di qualificare un centro per ogni parrocchia con attenzioni differenziate. All'interno dell'*unità pastorale*, una parrocchia avrà la scuola materna a servizio anche delle altre, un'altra l'oratorio per i giovani aperto alle altre parrocchie, un'altra ancora il *servizio caritas*... queste scelte richiedono un ampio discernimento ed hanno implicazioni di carattere giuridico ed economico rilevanti.

Parrocchia e territorio

«Andate in tutto il mondo e proclamate il Vangelo ad ogni creatura... Allora essi partirono e predicarono dappertutto, mentre il Signore agiva insieme con loro e confermava la Parola con i segni che l'accompagnavano» (Mc 16, 15.20).

La consegna di Gesù muove e motiva da sempre la Chiesa nella sua tensione evangelizzatrice, consapevole di avere ricevuto un mandato universale destinato a tutti i popoli e a tutte le nazioni. Una missione senza confini, non circoscritta ad un luogo, ad una terra, ad un popolo, ad una comunità ma tuttavia da sempre chiamata ad incarnare e a far germinare la Parola in un luogo, in una terra, in un popolo e in una comunità chiaramente individuati.

È ben noto che espressioni quali «alla Chiesa di Dio che è in...» o «All'angelo della Chiesa che è a...» sono molto ricorrenti nelle lettere paoline e nell'Apocalisse[107]. Si tratta di espressioni che richiamano un tratto significativo dell'autocoscienza della Chiesa primitiva: una comunità ecclesiale esiste, si incarna, si struttura e offre la propria testimonianza in un contesto sociale e geografico ben preciso. La stessa e medesima Chiesa di Cristo, lungi dal replicarsi come una Chiesa sempre uguale a se stessa, si radica e si edifica in un luogo ben determinato e in una concreta trama di relazioni e di appartenenze che segnano e caratterizzano il volto della comunità. Così, l'appartenenza all'unica Chiesa di Cristo garantita dagli elementi costitutivi di ogni Chiesa (Parola, professione della medesima fede, sacramenti, azione dello Spirito e carismi, diversità di ministeri e primato del ministero apostolico, carità fraterna e comunione), nelle pagine neotestamentarie, non è mai disgiunta da un continuo riferimento alla dimensione locale. Nelle lettere alle sette Chiese dell'Apocalisse si coglie l'ulteriore attenzione di Giovanni alla specifica identità di ogni comunità che in ragione del radicamento in una precisa realtà territoriale, sociale e culturale, si configura come una trama di relazioni segnata in modo del tutto proprio dall'alternarsi di luci e di ombre, di fedeltà e di cedimenti, di opportunità e pericolosi compromessi con il mondo pagano circostante. Ogni comunità cristiana locale diventa così segno e strumento concreto attraverso il quale si prolunga, qui e adesso, il mistero dell'incarnazione del Verbo.

---

[107] Cf. 1Cor 1,2; 2Cor 1,1; Gal 1,2; 1Ts 1,1; 2Ts 1,1; Ap 2,1.8.12.18 e 3,1.7.14.

Il rapporto tra parrocchia e territorialità, come abbiamo visto, ha attraversato lungo i secoli continui processi di trasformazione che si sono verificati, consolidati e sedimentati con ritmi in genere abbastanza lenti, come è tipico dei processi storici del passato. Oggi, in una società i cui ritmi di cambiamento si impongono come molto più rapidi e vorticosi, anche questo rapporto è sottoposto a mutamenti, in parte più radicali e più veloci di un tempo. Si tratta di processi in atto, nei quali ci sentiamo profondamente immersi e che non hanno ancora indicato con certezza verso quali rinnovati equilibri sarà l'approdo. Certo è che ci stiamo avviando, anche dal punto di vista ecclesiale, verso rinnovate forme di presenza pastorale nel territorio e di conseguenza anche ad un rinnovato volto della parrocchia[108].

Il paragrafo secondo del can. 374 ripropone una prima possibilità di raggruppamento territoriale delle parrocchie attraverso l'individuazione di *vicariati foranei*, lasciando alle singole Chiese particolari la valutazione circa l'utilità della loro istituzione che, diversamente da quanto stabiliva il CIC 1917[109], non è più resa obbligatoria.

Istituzione di origine antica, il *vicariato foraneo*, e le strutture simili che in ragione delle epoche e dei luoghi hanno assunto nomi diversi[110], nel passato ha rappresentato soprattutto la funzione di un avamposto della diocesi e del vescovo nel territorio. In epoche nelle quali la mobilità e la possibilità di comunicazione erano molto difficoltose, il vicario foraneo aveva il compito di vigilare, in nome e per conto del vescovo, sulla vita del clero e delle comunità esercitando qualche forma di giurisdizione su un determinato raggruppamento di parrocchie. Il CIC 1917 nei cann. 445-450 raccoglie in modo sistematico ed autorevole la legislazione precedente affidando al vicario foraneo, oltre ai compiti eventualmente definiti dalla legislazione del sinodo provinciale e della diocesi, diverse mansioni: assicurarsi che i chierici conducano una vita conforme al loro stato; curare l'esecuzione dei decreti emanati dal vescovo in occasione della visita pastorale; vigilare sulla celebrazione del sacrificio eucaristico; favorire il decoro dei luoghi sacri, la retta celebrazione dei riti, la fedele amministrazione dei beni ecclesiastici e la tenuta dei registri parrocchiali; visitare a nome del vescovo le parrocchie affidate alla sua circoscrizione; prendersi cura della

---

[108] Cf. L. BRESSAN, *La parrocchia del duemila,* in «La Rivista del Clero Italiano» 80(1999), p. 93-111.

[109] «Can. 217. - § 1. Episcopus territorium suum in regiones seu districtus, pluribus paroeciis constantes, distribuat, qui veniunt nomine vicariatus foranei, decanatus, archipresbyteratus, etc. §2. Si haec distributio, ratione circumstantiarum, videatur impossibilis aut inopportuna, Episcopus consulat Sanctam Sedem, nisi ab eadem iam fuerit provisum».

[110] Sia il CIC 1917 che il CIC 1983 parlano di *vicariato foraneo* in modo esemplificativo riconoscendo che talvolta sono in uso nomi diversi per indicare la medesima realtà ecclesiale: decanato, prefettura, zona pastorale, forania, ecc. Ciò fu tenuto ben presente anche nell'*iter* di revisione del Codice (Cf. «Communicationes» 12 (1980) 284).

salute spirituale e fisica dei parroci e, nel caso di morte, assicurare agli stessi una degna celebrazione funebre e la tutela dei beni della parrocchia da loro amministrata perché non vadano dispersi. Per l'assolvimento di questi compiti e per il buon funzionamento della circoscrizione ecclesiale a lui affidata, era inoltre compito del vicario foraneo convocare con regolarità i parroci per affrontare lo studio di casi in materia morale o liturgica[111].

Da questa sommaria illustrazione si può ben comprendere come per il CIC 1917 il vicario foraneo facesse da tramite sul territorio tra diocesi e parrocchie, tra vescovo e parroci. Come si è detto tale funzione era di particolare rilevanza in ragione della distanza e della difficoltà di movimento che spesso rendeva disagevole il diretto ricorso all'autorità del vescovo. È sufficiente la consultazione anche solo superficiale di un qualsiasi archivio parrocchiale per rendersi conto delle numerose occasioni di intervento nella vita della comunità parrocchiali che un vicario foraneo aveva nelle epoche passate.

Oggi, in una situazione completamente cambiata da un punto di vista sociale grazie alla facilità di spostamento e di comunicazione e profondamente rinnovata da un punto di vista ecclesiale grazie agli impulsi del Vaticano II, la funzione del vicario e del vicariato foraneo è notevolmente mutata ed è soprattutto quella di permettere una maggiore comunione e condivisione all'interno di una zona della diocesi, in genere tra parrocchie accumulate da qualche elemento di omogeneità geografica e sociale. Per questa ragione il Codice, pur recuperando alcune delle funzioni già previste dal CIC 1917, mette al primo posto (Cf. Can 555 § 1) il dovere e il diritto del vicario foraneo di *promuovere e coordinare l'attività pastorale comune nell'ambito del vicariato*. In tal modo il vicariato foraneo viene configurato come una possibile articolazione ecclesiale intradiocesana volta a favorire la collaborazione tra parrocchie e lo scambio di esperienze e di sensibilità tra tutti gli operatori pastorali, in particolar modo i parroci, affinché si maturi un'azione pastorale condivisa[112]

Nonostante il persistere di qualche fatica da parte dei presbiteri e delle comunità parrocchiali nella elaborazione di una pastorale d'insieme, mi pare si possa dire che la nuova configurazione del vicariato foraneo ispirata dal Vaticano II e regolata dal Codice si sia progressivamente consolidata grazie anche al fatto che si è trattato di innestare nuove sensibilità e funzioni su una realtà già collaudata da una storia plurisecolare e dal permanere della consuetudine soprattutto dei presbiteri di ritrovarsi con una certa regolarità a livello di vicariato.

Di tutt'altro genere le questioni che attualmente si propongono e si impongono con sempre maggiore urgenza circa le nuove forme di articolazione territoriale delle e tra le parrocchie che vanno sotto il nome di *unità pastorale*. Innanzitutto al riguardo si

---

[111] Cf. Can. 131

[112] Cf. G. TREVISAN, *Forme di collaborazione interparrocchiali secondo il Codice,* in QDE 9 (1996) p. 164 -170.

deve sottolineare che con il nome di unità pastorale vengono spesso indicate realtà molto diverse tra loro, alcune già previste e regolate dal Codice, almeno in modo essenziale, altre invece nuove e in parte in via di definizione[113].

Per la diversità di situazioni che ricadono sotto la stessa qualifica di unità pastorale diventa difficile darne una definizione o almeno una descrizione precisa e determinata. Raccogliendo qualche elemento comune potremmo accontentarci di descrivere l'unità pastorale come un insieme di parrocchie o di comunità cristiane di un'area territoriale omogenea, stabilmente costituito per una collaborazione pastorale organica, affidato alla cura pastorale di uno o più presbiteri affiancati da altri fedeli, sotto l'autorità del vescovo diocesano[114].

La creazione delle unità pastorali, pur nella varietà delle loro attuazioni, rappresenta il segno della vitalità di una Chiesa che, di fronte al cambiare dei tempi e delle situazioni di vita, non si chiude in una passiva e rassegnata accettazione di tali mutamenti, ma cerca di interpretarli e affrontarli lasciandosi da essi stimolare nella ricerca di nuove forme di presenza ecclesiale nel territorio. I vescovi italiani al riguardo insistono sull'importanza che le parrocchie, piccole o grandi che siano, sappiano costruire una fitta trama di relazioni per elaborare forme di pastorale integrata e costruire una specie di rete che unisca le diverse comunità tra loro nel proseguimento di comuni obiettivi pastorali[115].

---

[113] Al tema la rivista Quaderni di Diritto Ecclesiale ha dedicato una serie di articoli: F. COCCOPALMERIO, *Le unità pastorali: motivi, valori, limiti,* p. 135-138; A. MONTAN, *Unità pastorali: contributo per una definizione*, p. 139-163; G. TREVISAN, *Forme di collaborazione interparrocchiali secondo il Codice,* p. 164-173; G. SARZI SARTORI, *La cura pastorale della parrocchia non affidata al sacerdote*, p. 174-194. In tema di unità pastorali segnano anche due articoli di L. BRESSAN: *Unità pastorali, parrocchie e presenza della Chiesa nella società,* in «La Rivista del Clero Italiano» 88 (2007) p. 426-439 e *Una Chiesa alla ricerca del suo futuro. Unità pastorali, parrocchie e presenza della Chiesa nella società*, in «La Rivista liturgica» 100 (2013) p. 505 – 515.

[114] Cf. A. MONTAN, *Unità pastorali: contributo per una definizione*, p 156.

[115] «Per mantenere il carattere popolare della Chiesa in Italia, la rete capillare delle parrocchie costituisce una risorsa importante, decisiva per il legame degli italiani con la Chiesa cattolica. Ma ora occorre partire *dal radicamento locale per aprirsi a una visione più ampia,* che scaturisce dal riconoscere nella Chiesa particolare il contesto teologico proprio della parrocchia. La radice locale è la nostra forza, perché rende la nostra presenza diffusa e rispondente alle diverse situazioni. Ma se diventa chiuso particolarismo, si trasforma nel nostro limite, in quanto impedisce di operare insieme, a scapito della nostra incidenza sociale e culturale. [...] Per rispondere a queste esigenze la riforma dell'organizzazione parrocchiale in molte diocesi segue una logica prevalentemente integrativa" e non "aggregativa": se non ci sono ragioni per agire altrimenti, più che sopprime le parrocchie limitrofe accorpandole in una più ampia, si cerca di mettere le *parrocchie "in rete"* in uno slancio di pastorale di insieme. Non viene ignorata la comunità locale, ma si invita ad abitare in modo diverso il territorio, tenendo conto dei mutamenti in atto, e la maggior facilità di spostamenti, come pure delle domande sfigate rivolte oggi alla Chiesa e della presenza di immigrati, ai quali si rivolgono i centri pastorali e tecnici che stanno sorgendo in molte città. Così le nuove forme di comunità potranno lasciar trasparire servizio concreto l'assistenza cristiana non solo a livello ideale, ma anche esistenziale concreto» (CONFERENZA EPISCOPALE ITALIANA, nota pastorale *Il volto missionario delle parrocchie in un mondo che cambia,* 30 maggio 2004, n. 11)

Richiamando l'immagine evangelica della rete che, gettata sulla parola del Signore, si riempie sorprendentemente di pesci[116] potremmo dire che le parrocchie, congiunte tra loro, sono chiamate ad interpretare le tante braccia unite per calare in mare e tirare in barca l'unica rete.

Due le motivazioni principali che spingono oggi verso una nuova configurazione della presenza delle parrocchie nel territorio e la costituzione di unità pastorali.

Viene innanzitutto la necessità di una pastorale d'insieme che faccia superare l'autoreferenzialità delle singole parrocchie, autoreferenzialità un tempo giustificata ma oggi non più capace di rispondere a tutte le esigenze nell'ambito della evangelizzazione e della formazione cristiana caratterizzata da una sempre maggiore mobilità delle persone e da una vita sociale e culturale sempre più complessa. Da questo punto di vista, in tanti ambiti della vita pastorale, le parrocchie, anche quelle più vitali e meglio organizzate, sperimentano una sproporzione delle forze che riescono a mettere in campo e l'impossibilità di rispondere da sole ai molteplici bisogni emergenti. Si pensi per esempio, al mondo della scuola, della sanità, della testimonianza cristiana dell'ambito sociale e civile ma anche alle tante esigenze che si avvertono nel campo della formazione degli operatori pastorali e del coordinamento dell'azione caritativa.

Vi è poi una seconda motivazione, non sempre esplicitamente dichiarata, ma che in abilmente a rappresentato da presenterà sempre di più la spinta propulsiva verso la ricerca di nuove forme di presenza cristiana e parrocchiale sul territorio. Mi riferisco all'attuale, e in futuro probabilmente più accentuata, scarsità di sacerdoti che non permette più di assecondare uno dei principi costitutivi del capillare tessuto parrocchiale tridentino: a ciascuna parrocchia il proprio parroco. A ciò si aggiunge il fatto che lo spostamento di parte della popolazione nei centri periferici verso quelli urbani ha acuito il fenomeno di parcellizzazione e frammentazione del tessuto parrocchiale con l'aumento di comunità spesso molto piccole, ridotta di abitanti e poveri di risorse umane.

Innanzitutto la costituzione delle unità pastorali e non può essere pensata come un semplice problema di riorganizzazione del territorio per un risparmio delle energie, soprattutto presbiterale, da mettere in campo. In tempo di penuria di presbiteri di diminuzione di forza ecclesiale in senso più ampio, il rischio di immaginare qualcosa di simile ad una riorganizzazione aziendale per un più equilibrato rapporto tra costi e benefici grazie ad una rinnovata distribuzione di personale e servizi non è puramente teorico.

La storia dell'istituzione parrocchiale ti abbiamo visto in precedenza si è ricordato che la Chiesa, pur nel mutare dei tempi e delle situazioni storiche, ma sempre cercato forme adeguate di presenza della comunità cristiana per abitare dentro

[116] Cf Lc 5,5

ai luoghi e agli spazi di vita concreta delle persone e, attraverso questa prossimità, permettere loro di incontrare l'annuncio della salvezza e, dopo averlo incontrato, di essere sostenuti nella vita da cristiani grazie all'apporto di tutti gli aiuti spirituali, in particolare della Parola di Dio e dei sacramenti. Da ciò deriva come importante conseguenza che, ogni volta che ci si orienterà verso la costituzione di un'unità pastorale tra diverse parrocchie, ci si dovrà misurare con il criterio della prossimità ed interrogarsi se e in che modo la nuova organizzazione territoriale sia in funzione di una maggiore e più significativa vicinanza la vita concreta e alle esigenze spirituali dei fedeli che ne faranno parte.

Altro pericolo da evitare e di pensare che la comunione e la condivisione pastorale tra le comunità appartenenti all'unità pastorale possono essere principalmente favorite da quello che definirei un sovraccarico di tipo burocratico. Certamente la maturazione di obiettivi comuni e di uno stile condiviso di azione pastorale tra parrocchie un tempo autonome esige anche qualche strumento organizzativo che favorisca la comunione tra diversi soggetti ministeriali in campo. Spetta alle singole diocesi indicare anche dal punto di vista normativo l'eventuale costituzione di nuovi organismi di partecipazione stabilire il rapporto di questi con quelli già esistenti all'interno delle singole comunità parrocchiali ed eventualmente dell'ambito del decanato e della diocesi. Ottavia, bisognerà stare attenti a non cedere alla tentazione di un eccessivo ricorso a strumenti organizzativi che appesantiscono la vita ecclesiale perché diventino per gli addetti ai lavori o per un'*élite* di fedeli un surrogato della vita ecclesiale autentica[117].

Ulteriore questione nevralgica connessa alla costituzione delle unità pastorale e quella relativa all'iniziazione cristiana attraverso i sacramenti e alla celebrazione dell'Eucaristia soprattutto festiva. Per un certo verso la visione d'insieme offerta dall'unità di più parrocchia omogeneamente e stabilmente raggruppate sul territorio dovrebbe favorire una più oculata distribuzione dei luoghi della celebrazione eucaristica sia festiva che feriale. Tuttavia, per un altro verso si deve avere chiara consapevolezza che la posta in gioco è molto alta e non si risolve in una semplice questione di luoghi ed orari della celebrazione. Essa mette in gioco il profondo rapporto tra presidenza dell'eucaristia e presidenza della comunità che nel modello tridentino era assicurato dalla connessione giuridicamente garantita nel quadro di un diritto-dovere esclusivo che legava il parroco alla comunità e ai singoli fedeli. Pur in

[117] Savio che la chiesa sia preservata da «derive di una declinazione bloccati che deficienti sta nel suo corpo sociale, da un lato, o con le tendenze utopiche fondamentalisticamente securizzanti di un cristianesimo formato in religione settaria, dall'altro, occorre che le unità pastorali siano vissute anzitutto come luogo in cui è possibile fare della Chiesa un'esperienza reale, quotidiana e capillare. E unità pastorali devono essere figura in grado di "dire" la chiesa tra la gente. E, devono essere un luogo in cui si sperimentano anzitutto nei campi di accoglienza e fraternità. La gente deve poter vedere di identificare con facilità queste figure, deve sperimentare come ci si può sentire accolta anche in questi nuovi ambienti» (L. BRESSAN, *Una Chiesa alla ricerca del suo futuro. Unità pastorali, parrocchie e presenza della Chiesa nella società,* in «Rivista liturgica» 100 (2013) p. 514-515).

un quadro ispirato la fraternità presbiterale e la condivisione di ruoli e ministeri, si può facilmente comprendere che non ha lo stesso significato simbolico e ministeriale sì a presiedere le carestia il parroco proprio, il presbitero moderatore, il parroco in solido oppure un altro ministro supplente che non ha legami stretti ed immediati con la comunità. Lo stesso dicasi per la celebrazione eucaristica nelle principali solennità liturgica, nei momenti forti della vita propria delle singole parrocchie facenti parte dell'unità pastorale e per la presidenza della celebrazione matrimonio di esequie. Tenendo conto delle strettissimo legame che unisce Eucaristia e comunità, sinteticamente proposto dal principio l'Eucaristia fa la Chiesa/la Chiesa fa l'Eucaristia, le scelte concrete che vengono attuate all'interno di una unità pastorale per ciò che riguarda la presidenza della celebrazione eucaristica soprattutto domenicale con l'andare del tempo plasmeranno in maniera nuova e importante il ruolo di presidenza non solo liturgica del presbitero e, in parallelo, a configurare il ruoli e ministeri all'interno delle singole parrocchie e dell'unità pastorale complessivamente considerata[118].

Ugualmente importanti sono gli amici d'iniziazione cristiana di pensati riformulate nel caso di unità pastorali. Anche qui ci si trova di fronte a soluzioni diversificate e non prive di una ricaduta sulla immagine di Chiesa che essi veicolano e costruiscono. Proporrei camini d'iniziazione significa generare alla fede e condurre il fedele alla maturità cristiana, compiti che danno struttura materna autenticamente ecclesiale alla comunità cristiana che li pone in essere. Non è indifferente e che all'interno dell'unità pastorale si faccia la scelta di concentrare questi camini in un luogo fisico unico per tutte le parrocchie del territorio oppure luoghi diversi; non è indifferente e che si opti per la celebrazione di sacramenti nelle singole comunità parrocchiali di appartenenza oppure lo si faccia con un'unica assemblea liturgica. Al riguardo ancora una volta la storia insegna: si pensi quanta influenza ebbe sull'immagine di parrocchie e sul suo rapporto con il territorio il passaggio della celebrazione dei sacramenti da parte unicamente del vescovo nella propria sede, alla concessione del battistero inizialmente nelle sole chiese matrici cui facevano capo le comunità parrocchiali e poi in tutte le e singole le comunità parrocchiali.

Molti altri sarebbero temi, questioni e problematiche da affrontare nell'ambito del rapporto parrocchia-territorio in un contesto come quello attuale in profonda evoluzione soprattutto per ciò che riguarda la ristrutturazione, territoriale che la Chiesa è e sarà chiamato ad affrontare.

Dobbiamo prendere consapevolezza che le scelte pastorali e normative che progressivamente le Chiese particolari faranno in questo ambito, lungi dall'essere un mero fatto organizzativo, contribuiranno a delineare un nuovo modello ed immagine

---

[118] Cf. C. MAGNOLI, *La celebrazione veristica la prova delle unità/comunità pastorali,* in «Rivista liturgica» 100 (2013) p. 544-553 e P. TOMATIS, *Presidenza liturgica e nuove forme di comunità pastorali, in* «Rivista liturgica» 100 (2013) p. 554-571.

di presenza della Chiesa. I profondi di cambiamenti culturali e sociali dei nostri tempi stanno mettendo definitivamente in crisi l'immagine di sé che la Chiesa e la comunità cristiane, nel corso dei secoli, hanno saputo trasmettere consolidare nel cuore e nella mente anche dei più distratti grazie a precise forme e modalità di presenza nel territorio. In questa operazione di rinnovamento della presenza ecclesiale sul territorio si dovrà fare attenzione perché non si verifichi lo sfaldamento del tessuto ecclesiale e la perdita di rilevanza delle relazioni ma piuttosto si individuino nuove modalità perché la Chiesa e le comunità cristiane possano mantenere fede al loro compito di sempre che è quello di rendere vicino ed accessibile il Vangelo e di comunicare la memoria cristiana attraverso la testimonianza dei fedeli[119]. Indipendentemente dalle diverse scelte operative che le chiese particolari faranno nel campo del proprio riassetto territoriale, l'obiettivo dovrà essere quello che le singole parrocchie, in rete tra di loro o costituite unità pastorale, continuino ad interpretare il loro ruolo di essere lo strumento di una Chiesa che vive tra le case negli uomini, una chiesa, per usare le parole di Papa Francesco, non impegnata a preservare se stessa, ma costantemente "in uscita", capace di innovare la propria vita la propria attività e le proprie situazioni, sempre propensa a fare suonare ovunque l'annuncio evangelico: «La parrocchia non è una struttura caduca; proprio perché ha una grande plasticità, può assumere forme molto diverse che richiedono la docilità la creatività viscerale del pastore e delle comunità. [...] È capace di riformarsi gli adattarsi costantemente, ad essere "*la Chiesa stessa che vive in mezzo alle case dei suoi figli e delle sue figlie*". Questo suppone che realmente stia in contatto con le famiglie e con la vita del popolo e non diventi una struttura prolissa separata dalla gente o un gruppo di eletti che guardano se stessi. La parrocchia è presenza ecclesiale nel territorio, ambito dell'ascolto della Parola, della crescita della vita cristiana, del dialogo, dell'annuncio, della carità generosa, dell'adorazione e della celebrazione. attraverso tutte le sue attività, la parrocchia incoraggia e forma i suoi membri perché siano agenti dell'evangelizzazione. È comunità di comunità, santuario settati vanno bene per continuare a camminare, e centro di costante invio missionario. Però dobbiamo riconoscere che l'appello alla revisione il rinnovamento delle parrocchie non ha ancora dato sufficienti frutti perché siano ancora più vicina alla gente, e siano ambiti di comunione viva e di partecipazione, e si orientino completamente verso la missione»[120].

---

[119] L'autore L. Bressan nell'articolo *Una Chiesa alla ricerca del suo futuro*. (Cf. p. 510-513), propone un interessante argomentazione circa "le rappresentazioni" ecclesiali ormai in crisi e la necessità di costruirne di nuove valide e significative come quelle del passato.

[120] FRANCESCO, esortazione apostolica *Evangelii gaudium,* 24 novembre 2013, n. 28; cf. anche CONFERENZA EPISCOPALE ITALIANA, *Educare alla vita buona del Vangelo. Orientamenti pastorali dell'Episcopato italiano per il decennio 2010-2020,* 4 ottobre 2010, n.41; CONFERENZA EPISCOPALE ITALIANA, *Messaggio conclusivo dell'Assemblea Generale dei Vescovi italiani. La parrocchia: Chiesa che vive tra le case degli uomini*, 20 novembre 2003.

I "LUOGHI ANTROPOLOGICI"

Mi sembra questa la pista più creativa per dinamizzare dall'interno l'attuale volto della parrocchia e aprirla verso le possibilità di una "comunità articolata". Una prima serie di "vettori" antropologici colgono la libertà degli uomini e delle donne nella loro situazione esistenziale e diventano appelli ad una risposta pastorale diversificata. Penso al lavoro, alla scuola, allo scambio culturale, all'assistenza sanitaria, alle diverse forme di intervento di volontariato e di carità, alla cura delle condizioni marginali (cf carcere, AIDS, ecc.), ai luoghi del tempo libero e del divertimento. Questo plesso di luoghi antropologici dove la libertà si dispone a fronte di un bisogno e di un interesse più elaborato, lancia un appello diversificato alla comunità cristiana e al suo annuncio evangelico: in alcuni ambienti la presenza concertata della comunità cristiana potrà prevedere a volte l'aiuto, qualche volta la collaborazione fattiva con le istituzioni civili, qualche altra la supplenza e lo stimolo (si pensi all'assistenza), qualche altra ancora il confronto attivo e la proposta in proprio (si pensi al campo della scuola e della cultura), qualche volta persino la figura alternativa (si pensi ai processi educativi e al tempo libero), qualche volta infine l'iniziativa diretta (si pensi al rapporto con le famiglie). Di fronte a queste istanze antropologiche la comunità cristiana non è solo variamente stimolata, ma anche chiamata a superare il suo limite parrocchiale, e forse sarebbe meglio dire a ripensare il suo stesso essere parrocchia vincolata ad un territorio inteso in modo rigidamente geografico. Si pensi alla diversità con cui si presenterà questo discorso in comuni relativamente delimitati, in cittadine di qualche consistenza e di propria tradizione, in quella "città-diffusa" che è l'hinterland di una grande città e nelle diverse articolazioni della stessa città. Sotto questo profilo si deve dire che la parrocchia diventerà comunità articolata a misura che sarà più o meno permeabile al flusso dei vettori antropologici che abbiamo sopra appena enumerato.

Un particolare interesse dovrebbe avere il vettore "famiglia": mi sembra un vettore bidirezionale che non solo porta dalla società alla comunità, ma anche promuove il movimento inverso dalla comunità verso la società. Non è un caso che la pastorale sia singolarmente muta su questo punto, in particolare sui processi formativi alla famiglia e sull'accompagnamento delle famiglie nei primi anni della vita di matrimonio. Siamo andati troppo lontano dalla questione delle UP? Un'azione pastorale che si misura con semplicità e con verità su questi processi antropologici fondamentali, realizzerà forme di comunità articolata e romperà il vaso chiuso di molte pareti parrocchiali costruite più a propria difesa che a testimonianza dell'evangelo.

CONCLUSIONE

Al termine del cammino percorso, è doveroso raccogliere quanto la riflessione ha suggerito, gli elementi e i passaggi salienti che, a mio avviso, possono contribuire a disegnare una nuova fisionomia della parrocchia.

Ci troviamo in un contesto sociale e culturale che pone notevoli difficoltà. Il mondo postmoderno ha smarrito la visione unitaria della vita, soprattutto nei diversi campi dell'agire. I modi di interpretarla e il mondo non solo sono cambiati, ma hanno determinato una visione individualistica della vita stessa, la cui conseguenza è il rifiuto e/o la negazione di tutto quanto è implicito nell'appartenenza sociale. Oggi si è delineato il tempo del vuoto, dello spazio senza alcun perimetro, il cui valore consiste nella possibilità di fare tutte le esperienze possibili. Ciò ha avuto una conseguenza la determinazione che la vita è solo ciò che accade o ciò che si fa accadere, perché si investe se stessi: visione passiva e pragmatica. Questo cambiamento del paradigma culturale si mostra incapace di produrre valori universali condivisi, per cui, nel nostro tempo, è in atto una reciprocità senza relazioni, rispetto delle differenze senza interferenze, pluralismo senza identità, cultura anonima e massificata i punti di riferimento sono privi di contenuti. Non esiste più quella dimensione etica e valoriale determinante per la pienezza di vita della persona, perché il virus del pensiero debole ha favorito la frammentazione e la dispersione. Nonostante si pone attenzione alla persona, ed essa ci si relaziona senza una progettualità di compiuto spessore antropologico. L'uomo di oggi è diventato uno, nessuno e centomila.

Lungo il cammino, l'elemento determinante che è emerso, è quello di una comunità ecclesiale in relazione alla storia, alla società e alla cultura dell'uomo, di ogni tempo, nel bene e nel male. E proprio questo essere relazione, oggi, diventa il fondamento della parrocchia. In questa società, complessa e differenziata, essa può proporsi come progetto di umanità, perché è costituita da quel processo peculiare nel quale la relazione e la comunione delle persone, nel contesto ove si svolge la vita dell'uomo, è disegnata da grandi significati: il servizio alla vita e alla fede, la testimonianza coraggiosa della trascendenza, che si è resa visibile nel Signore della vita, l'annuncio che è bello, vero e buono vivere la vita, lasciandosela disegnare dai contenuti del Vangelo. Essa, dunque, si pone, dentro il tempo dell'uomo come progettualità educativa. Interagendo con l'uomo, si presenta come soggetto di dialogo, con precisi significati da offrire, risorse da mettere in atto, concreta esperienza cristiana che trasmette valori, produce pensiero, struttura la logica stessa della vita, crea relazioni per lo sviluppo integrale dell'uomo, affinché immanenza e trascendenza possano incontrarsi, per la pienezza della vita.

Questo contributo, dunque, ha voluto tracciare un tentativo: concretizzare nel contesto culturale odierno. La relazione tra le varie istituzioni, incontrando l'uomo nei non-luoghi. Proprio le trasformazioni sociali e culturali chiedono che la parrocchia ridiventi luogo della comunità, dell'incontro, del dialogo, della convergenza, luogo la cui premura è orientata a formare la coscienza.

Se la parrocchia diventa progettualità educativa, pone in essere la misura alta della sua vita e della sua esistenza, promuove la persona e non la adatta alle esigenze di conservazione. La sua progettualità sarà fondata sulla visione dell'uomo, della realtà culturale e della storia, secondo il progetto di Dio. Attuare una intenzionalità educativa, significa fare riferimento a ciò che è bene e vero per ogni uomo, a dare il primato alla persona e non alla soggettività, in riferimento alla verità. Il progetto educativo non dipende solo dall'intenzione, ma anche dall'ambiente concreto, il quale offre la possibilità e gli strumenti, ma soprattutto implica una relazione di qualità. In questa prospettiva, l'esperienza cristiana è una relazione che porta in sé il dinamismo dell'educare, del formare e dell'accompagnare, il cui fine è la coscienza di sé del credente, in rapporto al suo modo di vivere la fede. Non si può superare il rischio insito in questo attuale momento, senza un decisivo impegno a formare autentiche coscienze cristiane. La concretezza dell'impegno deve superare la logica dell'uomo, il quale oggi vuole fare tutte le esperienze possibili, ma non fa l'esperienza decisiva, quella che lo rende persona; il problema sta nel fatto che si danno risposte senza che l'uomo ponga la domanda e questo perché nessuno vuole essere vulnerabile. Occorre dunque che la parrocchia ridisegni la sua fisionomia a partire da una sola dimensione: partecipare tutti alla stessa ricerca della verità.

La prospettiva essenziale, da darsi come priorità e disegnare il sentiero, è il *senso* da dare alla propria presenza e alla propria azione. La prospettiva del senso è ineludibile, perché esso non riguarda solo l'obiettivo finale, ma anche la ragione fondante, che sostiene la sua presenza ed azione. Se il fondamento resta sotto il silenzio, si rischia di concepire la parrocchia come un meccanismo di operazioni più o meno efficaci. Essa, invece, deve essere luogo in cui ogni persona trova le motivazioni e le sollecitazioni necessarie per dare senso e significato ad una esperienza cristiana dentro la trama dei giorni. Essa è chiamata a suscitare le potenzialità e le risorse interiori dell'uomo.

La parrocchia è chiamata ad avere fiducia nella vita. Innanzitutto a fidarsi di se stessa, della onestà e integrità delle proprie intenzioni e dell'efficacia del proprio modo di relazionarsi. È invitata, in maniera più forte, ad avere fiducia dell'altro, delle sue possibilità e del suo desiderio di diventare. Significa esprimere il proprio credo nella vita, a ritenere vero che ciò che non si vede potrà, domani, prendere forma e ciò che appare inalterabile e invariabile potrà cambiare. È evidente che non si tratta di una fiducia ingenua e semplicistica. È la fiducia che fa dire il sì alla vita, che essa può compiersi. È la fiducia mariana, sostenuta nella fede dalla Parola della rivelazione. È la fiducia che porta ad amare la vita delle persone e desiderare il loro bene. L'attenzione alla vita comporta il desiderio di prendervi parte e di contribuire a rinnovarla dal di dentro. Questo occhio diligente, nella sua forma più intensa, comporta il mettere con passione in gioco la propria vita per promuovere le persone. È dare così concretezza alla passione per la vita bella, vera, buona. Andando al cuore del valore antropologico di ciò che pone in essere, non solo si lascia coinvolgere dalla domanda di pienezza che sale dal cuore dell'uomo, ma è disponibile a promuovere la sua crescita e il suo bene.

La parrocchia che sceglie di educare, assumendone la profondità di significati, sceglie di realizzare la propria progettualità; educativa in una logica di gratuità. È questa che porta alla scoperta, sempre più chiara, che la formazione delle persone è sempre più grande del suo piccolo operare. Ci si accorge che non ci si può sostituire alla persona, non si può ritenere l'artefice dei risultati. Essa collabora a costruire le condizioni perché ogni persona possa crescere nell'autenticità. La progettualità educativa ha una caratteristica specifica: è formata da una molteplicità di azioni. Queste, in stretta connessione con quanto ho affermato precedentemente, concorrono a costituire la struttura base di un'azione pastorale, la quale ha, come intenzione fondante, l'assunzione decisa della Valenza antropologica.

La parrocchia, dunque, è chiamata a porre in essere azioni di promozione della vita nell' accoglienza delle persone. Questo comporta un'azione pastorale che mette in moto, verso il destinatario, un'attenzione promotrice di vita, facendosi cura,vicinanza,sollecitazione,catechesi,testimonianza.Operativamente,perciò,l'azione della parrocchia significa permettere alle persone di fare esperienza di uno sguardo fiducioso sulla loro vita, cioè sperimentarlo soggetto di uno sguardo pieno di amore. Non è sufficiente riconoscere l'altro per amarlo in modo autentico; occorre anche e soprattutto fargli percepire l'amore provato nei suoi confronti. Ogni qualvolta l'azione pastorale perde di vista questa dimensione, essa è destinata a cadere in un pericoloso riduzionismo, in cui prevalgono i concetti, le regole, le cose da fare è, perché no, l' istituzione. La parrocchia non è immune. Così, più che nel passato, essa è invitata ad attuare un'azione pastorale che sia attenzione costante alle persone, che sappia esprimere autorevolezza, generosità, dedizione, passione per la loro vita.

A conclusione del cammino, è necessario sottolineare che tutti gli elementi individuati costituiscono una struttura generale dell' agire pastorale, il quale ha come intenzione promuovere l' approvazione dei desideri di Dio, dei sentimenti di Cristo e dei valori evangelici da parte della comunità. In quanto azione di promozione accogliente, l' agire pastorale si realizza nell' andare incontro con amore e con attenzione alle persone; in quanto agire relazionale e significativo, attento a tutta la persona, si realizza attraverso il desiderio del bene e della proposta di significati; in quanto agire segnato dalla libertà della persona e dalla temporalità, esso riconosce i percorsi personali e, in quanto possiede una pluralità di forme, si realizza attraverso una differenziazione degli spazi, dei tempi e dei mezzi.

A conclusione, vorrei davvero conoscere l'arte dei piccoli passi da compiere nella fedeltà serena e pacata e nella semplicità, con lo stesso atteggiamento del Salmista.

Di fronte al nostro tempo che urla e strepitosa, che predilige l' deteriorata', con desideri che vanno ben oltre le reali necessità, per avere sempre di più, anche nell' agire pastorale occorre optare per un progressivo cammino, passo dopo passo verso la metà, molto più efficace di una corsa sfrenata che, fiaccando, lascia ai margini delle strade.

Perciò, credo di poter fare mie le parole di A. De Saint-Exupery: *Non ti chiedo miracoli o visioni, ma la forza per affrontare il quotidiano. Preservami dal timore di poter perdere qualcosa della vita. Non darmi ciò che desidero, ma ciò di cui ho bisogno. Insegnami l'arte dei piccoli passi.*

Quanto più una comunità parrocchiale sentirà la sua esistenza come dono e come compito, tanto più essa sarà significativa.

Si parla di rassegnazione e di rivoluzione in modo lucido, con i piedi piantati un po' a terra e un po' sulle nuvole. Nuvole che però a un certo punto diventano raggiungibili ai tanti. Si trasformano da ambizione, obiettivo sperato a risultato palese. E allora si tira un sospiro di sollievo. Coma alla fine di una gara. La rivoluzione deve partire dentro di noi. È vero. In tanti è già partita ed è grazie alle tante piccole rivoluzioni che Napoli esiste ancora e soprattutto è intatto quel legame di sangue che ogni napoletano ha con la propria terra. Si sente forte. Una rivoluzione che parte dagli ultimi per travolgere i prepotenti e le secolari ingiustizie. Una luce che seppur celata dal rumore di finte verità, inizia a spingere in avanti per bagnare finalmente i tetti di sole[121].

Queste parole che ci spingono ad una rivoluzione di amore, possa avvenire, non solo per la città di Napoli, ma anche per ogni singola parrocchia della Chiesa napoletana; facendole diventare feritoie da cui si può scorgere la luce soave ed essenziale dell'alba meravigliosa della risurrezione di Gesù.

---

[121] G. MATINO, *Tetti di Sole*, Spazio Cultura Italia, Napoli 2014, p. 129.

BIBLIOGRAFIA

AA. VV., *Parrocchia e missione. Sui passi dell'uomo*, EDR, Roma 1992.

ALLEGRA L., *Il parroco: un mediatore fra alta e bassa e cultura*, in VIVANTI C., *Storia d'Italia. Annali 4. Intellettuali e potere*, Torino, Einaudi, 1981.

BARGHIGLIONI E. E M. - MEDDI L., *Il futuro della Parrocchia. Guida alle trasformazioni necessarie*, Paoline, Milano 2006.

BO V., *Storia della parrocchia. I secoli delle origini (sec. IV-V)*, Bologna, Edizioni Dehoniane, 1988-2004.

BONOMO F.L., *Verso dove andiamo? Cantieri aperti per le nostre comunità,* in «La Rivista del Clero Italiano» 93 (2012).

BORTOLOSSI C., *La fontana del villaggio. Dalla parrocchia tradizionale alla comunità che evangelizza. Un'esperienza e un metodo*, EMI, Bologna 2010.

BRESSAN L., *Cos'è (oggi) la parrocchia. Uno spazio per l'istituzione del cristianesimo, uno strumento per la costruzione dell'identità cristiana in un luogo,* in SERVIZIO NAZIONALE PER IL PROGETTO CULTURALE DELLA CONFERENZA EPISCOPALE ITALIANA, *Ripensare la parrocchia*, EDB, Bologna 2004.

BRESSAN L., *La parrocchia del duemila,* in «La Rivista del Clero Italiano» 80(1999).

BRESSAN L., *Una Chiesa alla ricerca del suo futuro. Unità pastorali, parrocchie e presenza della Chiesa nella società,* in «Rivista liturgica» 100 (2013).

CANOBBIO G., *Comunità ecclesiali di base: un'alternativa alla parrocchia?*, in AA. VV. (quaderni teologici del Seminario di Brescia), *La parrocchia come Chiesa locale*, Morcelliana, Brescia 1993.

CAPPELLARO J.B., *Catecumenato di popolo. Cammino di fede di un popolo di battezzati*, Cittadella, Assisi 1993.

CATTANEO A., *La parrocchia come una "comunità delle comunità"*, in PONTIFICIUM CONSILIUM PRO LAICIS, *Riscoprire il vero volto della parrocchia*, Lev, Città del Vaticano 2005.

CIOLA N. (a cura), *La parrocchia in un'ecclesiologia di comunione*, EDB, Bologna 1995.

CONCILIO VATICANO II, Costituzione Dogmatica *Lumen Gentium*.

CONFERENZA EPISCOPALE ITALIANA - COMMISSIONE EPISCOPALE PER LA DOTTRINA DELLA FEDE, L'ANNUNCIO E LA CATECHESI, *Annuncio e Catechesi per la vita cristiana. Lettera alle comunità, ai presbiteri e ai catechisti nel quarantesimo del Documento di base Il rinnovamento della catechesi*, 2010.

CONFERENZA EPISCOPALE ITALIANA - COMMISSIONE PER IL CLERO, *La formazione permanente dei presbiteri*, 2000.

CONFERENZA EPISCOPALE ITALIANA- COMMISSIONE EPISCOPALE PER L'APOSTOLATO DEI LAICI, *Criteri di ecclesialità dei gruppi, associazioni e movimenti*, 1981.

CONFERENZA EPISCOPALE ITALIANA, *Educare alla vita buona del Vangelo. Orientamenti pastorali dell'Episcopato italiano per il decennio 2010-2020,* 2010.

CONFERENZA EPISCOPALE ITALIANA, *Il volto missionario delle parrocchie in un mondo che cambia. Nota Pastorale*, 2004.

CONFERENZA EPISCOPALE ITALIANA, *Messaggio conclusivo dell'Assemblea Generale dei Vescovi italiani. La parrocchia: Chiesa che vive tra le case degli uomini*, 2003.

CONGREGAZIONE DEI VESCOVI, *Direttorio per il ministero pastorale dei Vescovi "Apostolorum successores"*, 2004.

CONGREGAZIONE PER IL CLERO, *Direttorio Generale per la Catechesi,* 1997.

CONGREGAZIONE PER IL CLERO, *Direttorio per il ministero e la vita dei presbiteri*, 2013.

CONGREGAZIONE PER IL CLERO, *Il presbitero, pastore e guida della comunità*, 2002.

CONSIGLIO INTERNAZIONALE PER LA CATECHESI- COINCAT, *La catechesi degli adulti nella comunità cristiana. Alcune linee e orientamenti*, 1990.

DE MARCO V., *L'influsso del mutamento culturale nell'evoluzione delle forme della parrocchia dal modellino tridentino ad oggi,* in CEI – SERVIZIO NAZIONALE PER IL PROGETTO CULTURALE, *Ripensare la parrocchia,* Dehoniana, Bologna 2004.

DI PALO A., *La parrocchia: dimora di Dio nell'oggi dell'uomo*, Dehoniana, Bologna 2013.

DILLENSCHNEIDER C., *Il Parroco e la sua Parrocchia,* Ed. Dehoniane, Bologna 1966.

ELIA M., *Cristo fuori le mura*, Gribaudi, Torino 1985.

FALLICO A., *Parrocchia missionaria nel quartiere. Come rinnovare la parrocchia in "comunità di comunità": il ruolo delle comunità ecclesiali di base*, Chiesa-Mondo, Catania 1987.

FAVALE A., *Segni di vitalità nella Chiesa. Movimenti e muove comunità*, Las, Roma 2009.

FRANCESCO, *Evangelii Gaudium,* 2013.

GIOVANNI PAOLO II, *Novo millennio ineunte,* 2001.

GIOVANNI PAOLO II, *Pastores dabo vobis*, 1992.

GIUSTI S., *In parrocchia ho incontrato Cristo. Ripensare la parrocchia nella pastorale d'insieme come luogo primario di evangelizzazione*, Paoline, Milano 2004.

JEDIN H., *Riforma cattolica o Controriforma?*, Morcelliana, Brescia 1957.

MATINO G., *La parrocchia: una fontana senza più acqua?,* EDB, Bologna 2004.

MATINO G., *Tetti di Sole*, Spazio Cultura Italia, Napoli 2014.

MATINO G., *Il governo della chiesa locale, Analisi teologico pastorale di un ministero in crisi di identità,* Dehoniane Bologna 2016.

MATINO G., *Le strutture pastorali della chiesa locale*, Dehoniane Bologna 2002.

MAZZOLENI A., *Le strutture comunitarie della nuova parrocchia*, Ep, Roma 1973.

MAZZOLI A., *La Pastorale della Parrocchia moderna,* Ed. Queriniana, Brescia 1968.

MEDDI L., *Imparare a farsi stranieri. La missione a partire dall'altro. Indicazioni pastorali*, in AA.VV., *Vangelo e itineranza cristiana*, Missio, Roma 2010.

MEDDI L., *La forma missionaria della Chiesa. Istanze dalla prassi pastorale*, in AIOSA C.- GIORGIO G. (a cura di), *Credo la santa Chiesa cattolica, la comunione dei santi*, EDB, Bologna 2011.

MEDDI L., *La parrocchia cambia parroco. Una risorsa per la pastorale*, Cittadella, Assisi 2012.

MIDALI M., *Teologia pastorale o pratica. Cammino storico di una riflessione fondante e scientifica,* LAS, Roma [2]1991.

PAOLO VI, *Ecclesiam suam,* 1964.

PARAVICINI BAGLIANI A. –PASCHE V., *La parrocchia nel Medio evo: economia, scambi, solidarietà*, Roma, Herder, 1995.

ROBERTAZZI E., *Potere politico e clero parrocchiale nel regno di Napoli durante il governo dei napoleonici*, in «Ricerca di storia sociale e religiosa» 13 (1978).

STENICO T., *La parrocchia focolare di catechesi e il ministero catechistico del parroco,* LEV, Città del Vaticano 2001.

TONELLI R., *Gruppi giovanili e esperienza di Chiesa*, Las, Roma 1983.

TORCIVIA C., *La Chiesa tra comunità e fraternità*, in DIANICH S.- TORCIVIA C., *Forme del popolo di Dio tra comunità e fraternità*, San Paolo, Milano 2012.

TREVISAN G., *Forme di collaborazione interparrocchiali secondo il Codice,* in QDE 9 (1996).

UFFICI DIOCESANI DELLA CATECHESI E DELLA PASTORALE DELLA FAMIGLIA, *Porta Fidei. Parrocchia e famiglia che iniziano alla fede,* Assisi 19-22 giugno 201, in http://www.Chiesacattolica.it.

UFFICIO CATECHISTICO NAZIONALE, *Adulti testimoni della fede, desiderosi di trasmettere speranza,* in http://www.Chiesacattolica.it.

UFFICIO CATECHISTICO NAZIONALE, *Diventare cristiani in parrocchia: annuncio e iniziazione cristiana in una Chiesa che cambia*, in *Quaderni della Segreteria Generale Cei*, 2002.

UFFICIO CATECHISTICO NAZIONALE, *Il racconto della speranza,* in *Quaderni della Segreteria Generale Cei - Ufficio Catechistico Nazionale*, 2006.

UFFICIO CATECHISTICO NAZIONALE, *La catechesi e il catechismo degli adulti. Orientamenti e proposte*, 1995.

UFFICIO CATECHISTICO NAZIONALE, *Passaggi di vita, passaggi di fede. Evangelizzazione e catechesi degli adulti nelle "transizioni" della vita,* in *Quaderni della Segreteria Generale Cei-Ufficio Catechistico Nazionale*, 2007.

UFFICIO CATECHISTICO NAZIONALE, *Primo Annuncio in Parrocchia*, in *Quaderni della Segreteria Generale Cei*, 2003.

VANZAN P.- AULETTA A., *La parrocchia per la nuova evangelizzazione: tra corresponsabilità e partecipazione*, Ave, Roma 1998.

VILLATA G., *Si può parlare di ecclesiologie diversificate nella vita delle nostre comunità parrocchiali?*, in *Orientamenti Pastorali*, 2004.

ZIVIANI G., *Parrocchia, annuncio del Vangelo e nascita della Chiesa. Uno sguardo ecclesiologico ai recenti documenti CEI*, in *Rivista di Teologia dell'Evangelizzazione*, 2005.

ZIVIANI G., *Una Chiesa di popolo. La parrocchia nel Vaticano II*, EDB, Bologna 2011.

INDICE

CAPITOLO III

CAPITOLO IV

Printed by Books on Demand GmbH, Norderstedt / Germany